여행자의 세계

낯선 길을 걷는 법

정병호 여행 에세이

머리말

길을 걷는다는 것은 단순한 이동이 아니다. 우리는 발을 내딛는 순간마다 낯설고 새로운 의미를 발견하는 여정을 시작한다. 우리는 종종 여행의 목표를 목적지에 둔다. 하지만 진정한 여행의 본질은 도착지가 아니라 그 길을 견뎌 내는 데 있다.

이 책은 여행자들이 끝없이 펼쳐진 길을 함께 걸으며 수많은 풍경과 낯선 사람들 그리고 예상치 못한 순간들을 마주하는 이야기이다.

이들은 사막을 지나고 오아시스의 노랫소리에 발걸음을 멈추며 오래된 신전의 문을 조심스럽게 열어 본다. 거친 모래 폭풍을 맞아 휘청이기도 하고 별빛 아래에서 긴 이야기를 나누기도 한다. 이 이야기에서 무엇보다 중요한 것은 그 모든 여정 속에서 조금씩 자신을 발견해 나간다는 것이다.

　우리는 살아가면서 수없이 많은 갈림길 앞에 선다. 익숙한 길을 따를 것인가 아니면 미지의 길을 선택할 것인가. 어떤 길이 옳은지 고민하지만, 이 책은 말한다.

　'길에는 정답이 없다고…'
　'우리가 한 걸음 한 걸음 내디딜 때마다 그 길은 비로소 우리의 길이 된다고…'

　이 책의 여행자들도 그렇게 변해간다. 처음에는 목적지를 향해 걷던 그들이 점차 길 자체를 받아들이고 걸어가는 순간을 온전히 살아가는 것의 소중함을 깨닫는다.

　이들의 발자국을 따라가다 보면, 독자 또한 어느새 자신의 길 위에 서 있는 자신을 발견하게 될 것이다.
　어쩌면 우리의 삶도 이 여정과 닮아 있다. 끝없이 이어진 길 위에서 우리는 어디로 가야 할지 몰라 망설이기도 하고 때로는 길조차 보이지 않을 때도 있다. 그러나 분명한 것은 걸어가는 한 길은 결코 사라지지 않는다는 사실이다.

   길은 늘 우리를 기다리고 있고 우리가 내딛는 한 걸음 한 걸음마다, 새로운 세계가 조용히 펼쳐진다. 당신도 이 길에 함께 할 준비가 되었는가?

   이 책의 첫 장을 여는 순간, 또 하나의 여행이 시작될 것이다. 길은 이미 당신을 부르고 있다.

2025년 가을,
정병호

차례

머리말 3

프롤로그 13
의문의 편지
첫 번째 여행자
이븐 바투타와 경계를 넘는 여행
찰스 다윈과 새로운 시각의 발견

제1부 | 나침반 없이 걷기 23
첫 번째 여행
낯선 도시에서의 깨달음
길 위에서 만난 사람들
바다를 건너며
사막에서의 사색
오아시스에서 만난 지혜
산맥을 넘어
바람이 전하는 이야기
바다를 건너는 용기

낯선 대륙에서
고대의 지혜
바람이 부르는 곳으로
강을 따라 흐르며
안개의 도시
나침반 없이 걷기
새로운 시작
여행자의 노래
별이 인도하는 길
끝과 시작

제2부 | 끝없는 수평선 63
새로운 동반자
낯선 길 위에서
길이 이어지는 곳
깊은 숲속에서
끝없는 수평선
바람을 따라

미지의 섬

숲속의 속삭임

선택의 순간

다시 바다로

항해의 시작

폭풍 속에서

새로운 땅

낯선 땅에서

마을의 이야기

떠날 시간

사막을 건너며

별빛 아래에서

강을 따라 흐르며

나무의 속삭임

새로운 발걸음

별이 가리키는 곳

이별과 새로운 시작

바람이 머무는 곳

모래 언덕을 넘어

밤의 사원

끝없는 여정

새로운 아침

제3부 | 지도에 없는 길 127

또 다른 여행자

수평선 너머

바다를 향하여

바람과 함께

낯선 해안

사라진 마을

새로운 길의 시작

지도에 없는 길

숲의 속삭임

바람이 전하는 이야기

별빛 아래에서

또 다른 갈림길

평원의 노래

잃어버린 마을

빛과 그림자

사원의 문 앞에서

선택의 순간
사원 속으로
지혜의 방
마지막 문
새로운 세상
끝이 아닌 시작
새로운 도시로
거리의 철학자
숨어 있는 골목길
이야기의 집

제4부 | 끝없는 여정 185
다시 길 위에서
안개의 다리
무너진 성벽
나침반 없는 여행
별빛 아래에서의 대화
길 위에서의 결심
황금빛 들판
바람의 도시

여행자들의 축제
저녁노을 아래
다시 떠나는 아침
사막의 문턱
별빛 아래의 모래 언덕
사막의 나그네
오아시스의 노래
또 다른 발걸음
모래 폭풍 속으로
폭풍이 지나간 후
잃어버린 신전
선택의 문
끝없는 여정
산맥을 넘어
여행자의 세계

프롤로그

의문의 편지

루카스는 학교에서 돌아온 후 책상 위에 놓인 편지 한 통을 발견했다. 크림색 종이에 단정한 필체로 쓰인 문장이 시선을 끌었다.

"여행이란 무엇인가?"

그는 고개를 갸웃거리며 편지를 집어 들었다. 발신인은 없었다. 그리고 편지 속에는 오직 저 한 문장만이 적혀 있었다.
'장난인가?'
그는 웃어넘기려 했지만, 저 짧은 문장이 이상할 정도로 마음 깊숙이 파고들었다.

그는 언제나 여행을 동경해 왔지만, 여행을 단지 다른 나라를 방문하는 일쯤으로만 생각해 왔다. 그런데 이 편지는 그가 미처 생각하지 못한 물음을 조용히 건네고 있었다.

 다음날 또다시 편지가 도착했다. 이번에는 좀 더 긴 문장이 담겨 있었다.

"여행은 단순한 이동이 아니라 세상을 이해하는 과정이다. 당신이 제가 드린 질문을 진지하게 받아들여 주시길 바란다. 나와의 여행에 동행하겠는가?"

 그는 숨을 깊게 들이쉬었다. 도대체 이 편지를 보낸 사람은 누구일까? 그리고 편지 속의 여행이란 어떤 의미를 지니고 있는 것일까?

첫 번째 여행자

　루카스는 도서관에서 '여행'에 대한 책을 찾아보기 시작했다. 그가 처음으로 눈길이 머문 인물은 '마르코 폴로(Marco Polo)'*였다.

　"그는 단순한 탐험가가 아니었다. 그는 동방과 서방을 연결하는 다리였다."

　그는 책 속의 문장을 읽으며 문득 또 다른 편지가 떠올랐다. 세상을 이해하는 과정…. 그렇다면 마르코 폴로가 여행을 한 진짜 이유는 무엇이었을까?

---

*이탈리아 베네치아 출신의 여행가·상인·작가(1254~1324)

그날 밤, 그는 또 한 통의 편지를 받았다. 이번에는 새로운 질문이 적혀 있었다.

"마르코 폴로의 여행이 세계에 남긴 영향은 무엇인가? 그의 여행이 단순한 모험이 아니었다면, 당신은 여행을 어떻게 정의하겠는가?"

그는 처음으로 여행이 단순한 관광이 아니라는 것을 깨닫기 시작했다. 그것은 바로 과거와 현재를 잇고 문화를 교류하며 새로운 시각을 배우는 과정이었다.

그는 답장을 쓰기 시작했다.

"마르코 폴로의 여행은 단순한 이동이 아니라 세계를 이해하는 과정이었습니다. 그렇다면 오늘날 여행의 의미는 무엇일까요? 우리는 정말 세상을 이해하기 위해 여행을 하고 있는 걸까요?"

'이든'이라는 서명의 발신인은 다시 답장을 보냈다.

'좋다. 그렇다면 다음 여행자로 넘어가라. 당신이 알고 있는 가장 위대한 여행자는 누구인가? 그리고 그 여행은 무엇을 남겼는가?'

그는 점점 더 빠져들었다.

이븐 바투타와 경계를 넘는 여행

 루카스는 도서관에 앉아 새벽까지 책을 읽었다. 이번에는 14세기 모로코 출신의 여행자 이븐 바투타(Ibn Battuta)*에 관한 이야기였다. 그는 단순한 여행자가 아니라 무려 30여 년간 이슬람 세계를 넘어 인도, 중국, 아프리카까지 여행하며 기록을 남긴 사람이었다.

 "그의 여행은 단순한 방랑이 아니라 지식과 문화를 연결하는 과정이었다."

 그는 이든의 편지를 떠올리며 속으로 되뇌었다. 만약 여행이 그저 목적지를 방문하는 것이라면, 이븐 바투타의 여정은 왜

---

*모로코 지브롤터 해협 탕헤르 출신으로 역사상 가장 위대한 여행가 가운데 한 사람(1304~1368)

지금까지 역사 속에서 회자되는 것일까?

그날 저녁, 또 하나의 편지가 도착했다.

"이븐 바투타는 단순한 모험가가 아니라 세계를 기록한 사람이었다. 기록이 없었다면 여행이 존재할 수 있었을까?"
그는 즉시 답장을 썼다.

"여행이란 단순한 경험이 아니라 그것을 남기고 공유하는 행위라는 뜻인가요? 그렇다면 우리는 오늘날 어떻게 여행을 기록해야 할까요?"

이든의 다음 답장은 짧았다.

"좋은 질문이다. 이제, 다음 여행자로 넘어가 보라."

찰스 다윈과 새로운 시각의 발견

 다음날, 루카스는 과학 서적 코너에서 찰스 다윈(Charles Robert Darwin)*에 관한 책을 집어 들었다. 다윈의 비글호 탐험이야말로 세상을 바라보는 방식 자체를 바꾼 여행이었다. 그는 단순히 풍경을 감상하는 여행자가 아니었다. 그는 자연을 관찰하고 기록하고 이론을 세운 사람이었다.

 그날 밤, 이든의 편지가 도착했다.

 "찰스 다윈의 여행이 아니었다면, 우리는 진화를 이해할 수 있었을까?"
 그는 곰곰이 생각했다. 여행이란 단순한 관광이 아니라 세상

---

* 진화론에 크게 기여한 영국의 생물학자·지질학자(1809~1882)

을 이해하는 방법이 될 수도 있겠다고….

"찰스 다윈의 여행은 그의 이론을 가능하게 했어요. 그렇다면 오늘날 우리는 어떤 방식으로 새로운 시각을 얻을 수 있을까요?"

이든의 답장은 예상 밖이었다.

"당신은 직접 답을 찾아야 한다. 다음 여행을 준비하라."

그는 고민에 빠졌다. 이든은 단순한 안내자가 아니었다. 이든은 루카스를 스스로 질문하고 답을 찾도록 유도하는 사람이었다.

다음 여행지는 어디일까?

제1부

나침반 없이 걷기

첫 번째 여행

 루카스는 이든의 편지를 받은 후 자신이 직접 여행을 떠나기로 했다. 목적지는 정해지지 않았다. 중요한 것은 '새로운 시각을 얻는 과정'이었다.

 그는 배낭을 꾸리고 노트를 챙겼다. 첫 번째 목적지는 낯선 도시의 오래된 골목길이었다. 그는 낯선 도시의 한 골목길을 걸으며 과거의 여행자들이 자신만의 시선으로 세상을 기록했듯이 자신의 여행을 기록하기 시작했다.

 그는 골목길을 걸으며 스스로에게 질문했다.

 '나는 어떤 여행을 하고 있는가? 그리고 이 여행은 나에게 무엇을 남길 것인가?'

'이곳에는 시간의 층이 존재한다. 내가 걷는 이 길은 어떤 것을 기억하고 있을까?'

그는 작은 카페에 따뜻한 차 한 잔을 주문했다. 창가 자리에 사람들이 자리 잡고 있었다. 이 도시는 그에게 어떤 이야기를 들려줄까? 창으로 보이는 떠오르는 미소, 급히 뛰어가는 아이, 한 손에 지도를 들고 있는 여행자…. 모두가 저마다의 길을 가고 있었다.

'나는 이 여행에서 무엇을 찾고 싶은가?'
'이 여행은 나에게 무엇을 남길까?'

낯선 도시에서의 깨달음

루카스는 오래된 골목길을 따라 걸으며 주변을 둘러보았다. 거리에는 낡은 벽돌 건물이 늘어서 있었고 가로등이 부드러운 빛을 뿌리고 있었다. 사람들은 바쁘게 움직였지만, 그는 모든 것이 느리게 흘러가는 듯한 기분이 들었다.

작은 카페에 들어가 창가 자리에 앉았다. 창문 너머로 시장이 보였다. 상인들이 열정적으로 물건을 팔고 있었고 사람들은 흥정을 하며 지나갔다. 그는 노트를 꺼내 메모하기 시작했다.

"이곳의 풍경은 낯설지만, 그들의 삶은 내 삶과 다르지 않다. 우리는 모두 같은 태양 아래 살아간다."

그때 테이블 위에 작은 쪽지가 놓여 있는 것을 발견했다.

익숙한 필체였다.

"여행이란 무엇일까? 당신은 낯선 곳에서 무엇을 배우고 있는가?"

주위를 둘러보았지만 이든의 모습은 보이지 않았다. 그는 미소를 지으며 답장을 쓰기 시작했다.

"여행이란 다름을 이해하는 과정입니다. 이곳의 사람들은 나와 다르지만, 동시에 같습니다."

길 위에서 만난 사람들

루카스는 도시를 떠나 기차를 타고 더 먼 곳으로 향했다. 창밖으로 펼쳐진 풍경이 끊임없이 변했다. 그는 기차 안에서 다양한 사람을 만났다. 한 노인은 자신이 젊었을 때 세계를 여행했던 이야기를 들려주었고 한 젊은 여행자는 자신의 모험을 공유했다.

그는 이들과의 대화를 통해 깨달았다.
"여행은 장소를 이동하는 것이 아니라 사람을 만나는 것이다. 그들의 이야기가 내 여행을 더욱 풍성하게 만든다."

그날 밤, 숙소에서 또 다른 편지를 발견했다.
"이제 당신의 여행이 시작되었다. 다음 목적지는 어디인가?"

익숙한 필체였다.

그는 창밖을 바라보며 깊이 생각했다. 이든의 말처럼 그의 여행은 이제 막 시작된 것이었다. 그는 자신에게 질문을 던졌다.

'나는 다음에 어디로 가야 할까? 그리고 그곳에서 무엇을 발견할 수 있을까?'

바다를 건너며

　루카스는 배를 타기로 결심했다. 바다는 끝없는 가능성을 품고 있었다. 배가 출항하자 갑판에서 바람을 맞으며 바다를 바라보았다. 넓은 수평선 너머에는 새로운 모험이 기다리고 있을 것 같았다. 그는 선상에서 다양한 국적의 사람들과 이야기를 나누었다. 어떤 이는 새로운 삶을 찾아 떠나는 이민자였고 어떤 이는 단순한 관광객이었다.

　'여행이란 자신을 잃는 것이 아니라 자신을 발견하는 과정이다.'

　그는 이 말이 사실인지 곰곰이 생각해 보았다. 과연, 이 여행을 통해 새로운 자신을 발견할 수 있을까?

그날 밤, 이든으로부터 또 하나의 편지를 받았다.

"당신은 이미 답을 알고 있을지도 모른다. 하지만 여행은 질문을 찾아가는 과정이기도 하다. 다음 목적지는 어디인가?"

그는 미소를 지었다. 여행은 아직 끝나지 않았다.

사막에서의 사색

 루카스는 사막으로 향했다. 그는 끝없는 모래 언덕이 펼쳐진 곳에서 자신의 내면을 마주하고 싶었다. 사막의 밤은 차가웠고 별들은 끝없이 빛나고 있었다.

 그는 모닥불 옆에서 베두인(Bedouin)*부족과 이야기를 나누었다. 그들은 바람과 별을 길잡이 삼아 살아가는 사람들이었다.

 '길이 없는 곳에서도 방향은 찾을 수 있다. 중요한 것은 외부가 아니라 내부의 나침반이다.'

 그는 깊은 생각에 잠겼다.

---

*아라비아 반도, 중동, 북아프리카 등지에서 씨족 사회를 형성하며 유목 생활을 하는 아랍인

'나는 올바른 방향으로 가고 있는 것일까?'
'이든이 던진 수많은 질문의 답을 찾을 수 있을까?'

그날 밤, 또 다른 편지가 모래 위에 놓여 있었다.

"당신은 길을 찾았는가? 아니면 아직도 헤매고 있는가?"

오아시스에서 만난 지혜

루카스는 사막을 걸으며 점점 지쳐갔다. 하지만 저 멀리 반짝이는 오아시스가 보이기 시작했다. 그는 희망을 안고 발걸음을 재촉했다. 오아시스에는 야자수가 우거져 있었고 시원한 물이 흐르고 있었다.

그는 이곳에서 한 노인을 만났다. 노인은 오아시스에서 길을 찾는 사람들에게 조언을 해 주며 살아가고 있었다.

노인이 물었다.
"당신은 무엇을 찾고 있는가?"
그는 대답했다.
"저는 여행의 의미를 찾고 있어요. 그리고 저 자신도요."
노인은 미소를 지으며 말했다.

"여행이란 길을 찾는 것이 아니라 길을 만들어가는 것이다. 우리는 모두 자신의 오아시스를 찾아가고 있다."

루카스는 깊은 깨달음을 얻었다. 자신이 찾고 있는 것은 정해진 길이 아니라 자신만의 길을 개척하는 과정이었다.

그날 밤, 그는 또 한 통의 편지를 받았다.

"너의 여정은 끝이 아니다. 다음 목적지는 어디인가? 네 안에서 답을 찾아라."

산맥을 넘어

사막을 떠난 루카스는 높은 산맥을 향해 걸었다. 산을 오르는 것은 어려운 과정이었지만, 그는 한 걸음씩 나아갔다. 그는 산 중턱에서 한 여행자를 만났다. 그는 수십 년간 이 산을 오르내리며 살아온 사람이라고 했다.

루카스가 물었다.
"산을 오르는 과정에서 가장 중요한 것은 무엇인가요?"
여행자는 대답했다.
"산을 오르는 이유는 목표를 이루는 것에만 있는 것이 아니다. 길 위에서 무엇을 배우느냐가 더 중요하다."

그의 말은 루카스에게 깊은 인상을 남겼다. 그는 더 이상 목적지만을 생각하지 않았다. 여행의 과정 자체가 의미라고 생각했다.

정상에 다다른 순간, 또 하나의 편지를 발견했다.

"당신은 이제 여행자가 아닌 길의 일부가 되었다. 다음 길도 당신이 정해야 한다."

그는 먼 산맥 너머를 바라보며 깊은 숨을 내쉬었다. 그는 이제 단순한 여행자가 아니라 길을 만들어 나가는 사람이었다.

바람이 전하는 이야기

산을 내려온 루카스는 평원으로 들어섰다. 넓은 들판을 지나면서 바람이 자신의 귓가에 무언가 속삭이는 듯한 느낌을 받았다. 그는 이곳에서 새로운 만남을 기대하고 있었다.

그는 작은 마을에 도착한 후 마을 한가운데에서 이야기를 전하는 노인을 만났다. 그는 여행자들에게 오랜 전설과 지혜를 들려주는 사람이었다.

"바람은 모든 곳을 다니며 이야기를 싣고 다닌다. 당신이 들으려고 하면 바람은 너에게도 답을 전해 줄 것이다."

그는 조용히 귀를 기울였다. 바람이 스치는 소리 속에서 자신의 과거와 앞으로 나아가야 할 길에 대한 깨달음을 얻기 시작작했다.

 그날 밤, 그는 이든의 새로운 편지를 받았다.

 "당신은 이제 이야기를 듣는 자가 되었다. 하지만 다음에는 네가 이야기를 전해야 한다."

 루카스는 노인의 말을 곱씹으며 자신의 여행이 또 다른 단계에 접어들었음을 깨달았다. 그는 단순한 탐험을 넘어 배운 것을 다른 이들에게 나누어 주는 길을 찾아야만 했다.

바다를 건너는 용기

루카스는 도시에서 머물며 이야기를 나눈 지 며칠이 지나 또 다른 도전을 하기로 결심했다. 그는 배를 타고 새로운 대륙으로 향했다. 바다를 건넌다는 것은 미지의 세계로 나아가는 것이었다.

그는 항구에서 자신과 같은 배를 타는 여러 여행자를 만났다. 그들 중에는 낯선 곳에서 삶을 새로 시작하려는 사람도 있었고 단순한 호기심으로 떠나는 사람도 있었다.

"바다는 우리를 두려움과 기대 사이에 놓이게 하지. 하지만 그 두 감정이 어우러질 때 우리는 진정한 여행자가 되는 거야."

배가 출항하자 선상에서 밤하늘을 바라보았다.

그는 두려움보다 기대가 앞선다는 것을 깨달았다. 바다는 끝이 없는 것처럼 보였지만, 어딘가에는 새로운 땅이 기다리고 있으리라.

그날 밤, 또 한 통의 편지가 도착했다.

"바다를 건너고 있는 너는 이제 탐험가가 되었다. 다음 목적지는 네가 선택해야 한다. 어디로 향할 것인가?"

루카스는 미소를 지으며 수평선을 바라보았다. 그의 여행은 여전히 계속되고 있었다.

낯선 대륙에서

루카스는 긴 항해 끝에 새로운 대륙에 도착했다. 그가 발을 내디딘 곳은 생소한 풍경과 문화로 가득한 곳이었다. 비록 언어는 통하지 않았지만 손짓과 표정을 통해 그들과 소통할 수 있었다.

시장의 거리를 걷던 중 한 소녀를 만났다. 소녀는 여행자들에게 길을 안내하며 살아가고 있었다.

"이곳에서는 누구든 자신의 길을 찾기 위해 여행을 떠나요. 당신은 무엇을 찾고 있나요?"

루카스는 잠시 생각에 잠겼다. 그는 지금까지 많은 것을 배웠지만, 여전히 스스로에게 질문을 던지고 있었다.

"나는 새로운 시각을 찾고 있어요. 세상을 더 깊이 이해하고 싶어요."

소녀는 미소를 지으며 손을 내밀었다.

"그렇다면 저를 따라오세요. 당신이 찾고 있는 답을 함께 찾을 수 있을 것 같아요."

고대의 지혜

루카스는 소녀를 따라 고대의 사원이 있는 곳으로 향했다. 사원은 수백 년 동안 이곳 사람들의 삶을 지켜보며 그들에게 지혜를 전해온 장소였다. 그는 사원의 벽에 새겨진 문양과 상징들을 살펴보며 과거의 지혜가 현대에도 여전히 의미가 있다는 것을 깨달았다.

사원에서 만난 늙은 수도사는 루카스를 조용히 바라보았다.

"너는 많은 곳을 여행했지만, 진정한 여행은 아직 끝나지 않았다. 네가 찾는 답은 바깥이 아니라 네 안에 있다."

루카스는 깊은 깨달음을 얻었다. 그는 오랜 여행을 통해 많은 것을 배웠지만, 이제야 비로소 자신을 돌아볼 시간이 되었다는 것을 깨달았다.

그날 밤, 또 한 통의 편지가 도착했다.

"여행은 끝이 아니다. 이제 너는 길을 만들어 나가는 사람이 되었다. 다음으로 나아갈 방향은 네가 결정해야 한다."

루카스는 사원의 높은 계단에 앉아 하늘을 바라보았다. 그는 이제 새로운 여행을 준비해야 한다는 것을 알고 있었다. 그의 발걸음은 멈추지 않을 것이다.

바람이 부르는 곳으로

루카스는 사원을 떠나 새로운 여정을 계획했다. 그는 이제 방향을 정하지 않고 바람이 부는 곳을 따라가기로 결심했다. 발길이 닿는 곳이 그의 새로운 목적지가 될 것이다.

광활한 초원을 지나던 중 유목민들을 만났다. 그들은 자연과 함께 살아가는 삶을 선택한 사람들이었다. 루카스는 며칠 동안 그들의 천막에서 머물며 삶의 단순함과 자연의 흐름을 배우기 시작했다.

"우리는 바람과 함께 움직인다. 바람이 멈추면 우리도 머무르고 바람이 불면 우리는 떠난다. 당신이 찾는 길도 그 속에 있을 것이다."

그는 유목민들의 삶 속에서 자유로움과 유연함을 배웠다. 계획된 길이 아닌 흐름을 따르는 것, 그것이 진정한 여행일지도 모른다고 생각했다.

그날 밤, 그는 또 한 통의 편지를 받았다.

"당신이 길을 따라가는 것이 아니라 길이 당신을 부르고 있다. 이제 어디로 향할 것인가?"

루카스는 별이 가득한 하늘을 바라보며 미소를 지었다. 그의 여행은 여전히 계속되고 있었다.

강을 따라 흐르며

다음날, 루카스는 유목민들과 작별을 고하고 다시 길을 떠났다. 이번에는 거대한 강이 그의 앞을 가로막았다. 강가에는 배를 띄우는 어부들이 있었다. 그는 이들과 함께 강을 따라 내려가기로 했다.

그는 배 위에서 강물의 흐름을 바라보았다. 물결은 멈추지 않고 계속 흘렀다. 그는 생각했다.

"여행도 이 강물과 같다. 멈추지 않고 흘러야만 새로운 곳을 만날 수 있다."

어부 중 한 사람이 그에게 말했다.
"강은 우리에게 많은 것을 가르쳐 준다. 하지만 가장 중요한 것은 물이 어디로 흘러가는지 묻지 않는다는 것이다. 그냥 흐르는 것이다.

루카스는 그 말이 마음에 와닿았다. 그는 목적지에 집착하는 대신 흐름을 받아들이기로 결심했다.

밤이 깊어지자 그는 또 한 통의 편지를 받았다.

"당신은 강을 닮아가고 있다. 이제 어디로 흘러갈 것인가? 흐름이 너를 안내할 것이다."

루카스는 배 위에서 밤하늘을 바라보며 생각했다. 그는 이제 여행을 계획하는 것이 아니라 여행을 받아들이기로 했다.

안개의 도시

루카스는 강을 따라 흘러가다가 안개가 자욱한 도시에 도착했다. 마치 현실과 꿈의 경계에 서 있는 듯한 느낌이 들었다. 도시는 조용했고 거리에는 부드러운 불빛이 어렴풋이 새어 나오고 있었다.

그는 골목을 따라 걷다가 한 노인을 만났다. 노인은 오래된 책을 팔고 있었다.

"이 도시는 길을 잃은 사람들이 머무는 곳이다. 당신은 무엇을 찾고 있는가?"

루카스는 잠시 고민했다. 그는 여행을 통해 많은 것을 배웠지만, 여전히 자신이 어디로 가야 할지 확신할 수 없었다.

"저는 제 길을 찾고 싶어요. 하지만 점점 더 길이 무엇인지 알기 어려워지고 있어요."

노인은 조용히 웃으며 책 한 권을 건넸다.

"이 책 속에 답이 있을지도 모르지. 하지만 결국 답은 네 안에 있을 것이다."

그날 밤, 그는 또 한 통의 편지를 받았다.

"안개 속에서도 길을 찾을 수 있다. 하지만 때로는 길을 찾으려 하지 않고 그 안에 머무는 것도 한 가지 방법이다. 당신은 어디로 가겠는가?"

나침반 없이 걷기

　루카스는 안개의 도시를 떠나며 다시 길을 떠났다. 하지만 이번에는 나침반이나 지도 없이 걷기로 결심했다. 그는 목적지를 정하지 않고 발길이 닿는 대로 걸었다.

　그는 한 마을에서 음악을 연주하는 사람들을 만났다. 그들은 지도 없이 여행하며 순간을 즐기는 법을 알고 있었다.

　"음악이 흐르는 곳이 우리의 길이지. 우리는 어디로 가는지 묻지 않아. 지금 여기에 있는 것이 중요하거든."

　그는 이곳에서 며칠 동안 머무르면서 여행의 매 순간을 즐기는 것이야말로 진정한 여행일지도 모른다는 것을 깨달았다.

그날 밤, 그는 편지를 받았다.

"너는 더 이상 길을 찾지 않는다. 이제 너는 길 자체가 되었다. 여행은 계속될 것이다."

루카스는 미소를 지으며 하늘을 올려다보았다. 그의 여행은 끝난 것이 아니었다. 그것은 그의 삶이 되었고 이제 그는 그 길을 따라 자유롭게 나아가기로 했다.

새로운 시작

안개의 도시를 떠난 루카스는 여전히 걸음을 멈추지 않았다. 이제는 어디로 가야 할지 고민하지 않았다. 발길이 닿는 곳이 곧 길이었기 때문이다.

그는 끝없는 초원을 지나며 저녁노을을 바라보았다. 그는 그곳에서 또 다른 여행자를 만났다. 테레사라는 이름의 그녀는 작은 배낭 하나를 멘 채 바람을 따라 걷고 있었다.

그녀에게 물었다.
"너는 어디로 가고 있는가?"
그녀는 미소를 지으며 대답했다.
"나는 단순히 길을 가는 게 아니라 길을 가면서 나를 찾고 있어. 너는?"

루카스는 잠시 생각에 잠겼다. 그는 이제 더 이상 길을 찾는 사람이 아니었다. 그는 길 그 자체였다.

"나도 같은 길을 가고 있는지도 모르겠어. 어쩌면 우리는 같은 곳을 향하고 있을지도…."

그는 그녀와 함께 한동안 길을 걸었다. 이야기를 나누고 서로 다른 경험을 공유하며…. 그는 이 과정에서 여행은 혼자가 아니라 함께 나누는 것이 더 깊은 의미를 갖는다는 것을 깨달았다.

여행자의 노래

어느 날 저녁, 그들은 한 마을에 도착했다. 그곳에서는 매년 한 번씩 여행자들이 모여 자신들의 이야기를 노래로 만들어 부르는 축제가 열리고 있었다.

루카스와 테레사는 불빛이 가득한 광장으로 향했다. 여행자들은 하나둘 모여 자신이 걸어온 길에 대한 이야기를 노래로 풀어 내기 시작했다.

루카스도 빌린 기타에 손을 얹었다. 그리고 자신의 여행을 노래로 만들기 시작했다. 처음엔 서툴렀지만, 점점 그의 목소리에는 확신이 실렸다. 그의 곁에 있던 동행도 함께 목소리를 보탰다.

"길을 걷는 것이 여행이 아니라 걷는 모든 순간이 여행이다."

밤이 깊어가며 노래는 이어졌다. 사람들은 서로의 이야기에 귀를 기울였다. 그 순간만큼은 모두가 같은 길 위에 있는 듯했다.

그날 밤, 편지를 받았다.

"너는 이제 길을 만들어 가는 사람이 되었다. 너의 노래가 누군가의 여행이 될 것이다."

그는 편지를 접고 하늘을 올려다보았다. 별들은 그의 눈길을 따라 반짝이고 있었다. 그리고 그는 다시 홀로 걸음을 내디뎠다. 새로운 이야기가 기다리고 있었다.

별이 인도하는 길

 루카스는 새로운 이야기의 시작을 맞이하며 별빛 아래에서 길을 걸었다. 그는 노래를 불렀던 마을을 떠나 또 다른 장소로 향하고 있었다. 밤하늘은 그에게 길을 비춰 주고 있었고 별들은 마치 그를 인도하는 듯했다.

 길을 걷던 중 그는 한 노인을 만났다. 노인은 천문학자였고 하늘을 읽는 사람이었다.

 "별을 보면 미래를 알 수 있다고 생각하는가?"

 루카스는 잠시 고민했다.
 "별은 과거의 빛이지만, 동시에 우리가 나아가야 할 방향을 알려 주는 것 같아요."

노인은 미소를 지으며 망원경을 루카스에게 건넸다.

"그렇다면 네가 가야 할 길도 하늘 속에 있을지 모르겠구나. 네가 진정 원하는 것은 무엇인가?"

루카스는 망원경을 통해 밤하늘을 바라보았다. 수많은 별 사이에서 끝없는 가능성을 보았다.

그날 밤, 그는 또 한 통의 편지를 받았다.

"너는 이미 길을 걷고 있다. 하지만 길은 끝이 없다. 별처럼 빛나며 나아가라."

끝과 시작

새벽녘 루카스는 새로운 도시의 언덕 위에 서 있었다. 그는 지난 여정을 떠올리며 자신이 얼마나 변했는지 깨달았다. 그는 더 이상 길을 찾지 않았고 자신이 걸어가는 모든 순간이 길이 되었다.

도시에 들어서자 그는 또 다른 여행자를 만났다.

여행자가 그에게 물었다.
"이곳에서 무엇을 찾고 있나요?"
루카스는 미소를 지으며 대답했다.
"나는 이제 아무것도 찾지 않아요. 그 대신 만들어 가고 있죠."

여행자는 고개를 끄덕이며 함께 길을 걸었다. 그리고 그는 깨달았다. 여행이란 끝이 없는 것이며 그 자체가 삶이라는 것을···.

그는 하늘을 올려다보았다. 별들은 여전히 반짝이고 있었다. 그는 다시 걸음을 내디뎠다. 그의 여정은 계속될 것이다.

제2부

끝없는 수평선

새로운 동반자

 루카스는 도시를 떠난 후 광활한 평원을 지나며 홀로 걷는 시간이 많아졌다. 하지만 그는 더 이상 외롭지 않았다. 그의 발걸음 하나하나가 새로운 길이 되었고 지나온 길이 그의 이야기가 되었다.

 그러던 어느 날, 그는 강가에서 한 여인을 만났다. 안나라는 이름의 그녀는 조용히 물살을 바라보며 깊은 생각에 잠겨 있었다.

 "강물을 보고 있으면 모든 것이 흘러간다는 걸 깨닫게 되죠. 우리는 어디로 가는 걸까요?"
 루카스는 그녀의 말에 공감하며 대답했다.
 "어디로 가는지가 중요한 게 아니라 그 길을 어떻게 걷느냐가 중요한 것 같아요."

그녀는 미소를 지으며 고개를 끄덕였다.

"우리 함께 걸을까요? 길은 혼자일 때와 함께일 때가 다르니까요."

루카스는 그녀와 함께 길을 나섰다. 그는 깨달았다. 새로운 동반자는 단순한 동행이 아니라 또 다른 시각과 깨달음을 가져다 준다는 것을….

낯선 길 위에서

함께 길을 걷던 루카스와 안나는 새로운 도시로 향했다. 그 도시는 기존과는 다른 분위기를 가지고 있었다. 낯선 언어, 새로운 문화, 익숙하지 않은 풍경들….

"이곳에서는 모든 것이 새롭네요. 때로는 익숙한 것보다 낯선 것이 더 많은 걸 가르쳐 주는 것 같아요."

루카스는 새로운 환경 속에서 자신이 다시 배우고 성장하고 있다는 것을 느꼈다. 그는 더 이상 과거에 집착하지 않고 새로운 경험을 받아들이기로 했다.

그날 밤, 그는 다시 한 통의 편지를 받았다.

"네가 걷는 길이 계속 새롭기를…. 새로운 길 위에서 또 다른 너를 발견하길…."

그는 미소를 지으며 하늘을 올려다보았다. 별들은 여전히 그의 길을 비추고 있었다. 그리고 그는 다시 한 걸음을 내디뎠다.

길이 이어지는 곳

루카스와 안나는 새로운 도시에서 머물면서 사람들을 만나 이야기를 나누었다. 새로운 도시에는 다양한 문화가 뒤섞여 있었고 거리 곳곳에서 서로 다른 언어가 오갔다.

"이곳에선 누구나 여행자이고 누구나 정착민이 될 수 있어요."

한 노인이 루카스에게 말했다. 그는 오랜 시간 이 도시에 머물며 온갖 여행자의 발자취를 보아온 사람이었다.

루카스는 문득 자신의 여정을 되돌아보았다. 그는 언제든지 떠날 수도 있고 어디에든 머물 수도 있었다. 결국 여행이란 떠남과 머무름의 연속이 아닐까?

그날 밤, 또 한 통의 편지가 도착했다.
"네가 가는 곳이 곧 길이 된다. 머무름도, 떠남도 모두 여행의 일부이다."

그는 이제 다시 혼자서 길을 이어가기로 했다.

깊은 숲속에서

다음 행선지는 깊은 숲이었다. 도시를 벗어나 자연 속으로 들어서자 공기가 달라졌다. 숲은 생명의 기운으로 가득 차 있었다. 루카스는 오랜만에 평온함을 느꼈다.

그는 숲속에서 오랜 세월 숲을 지켜온 한 나무꾼을 만났다.

"길을 걷는다는 건 단순히 앞으로 나아가는 게 아니지. 때로는 멈추고 자연을 바라보는 것도 필요해."

루카스는 숲 한가운데에서 며칠 동안 머물면서 나뭇잎이 흔들리는 소리, 바람이 지나가는 소리 그리고 자신의 내면에서 들려오는 조용한 목소리를 들었다.

그는 깨달았다. 여행이란 계속 앞으로 나아가는 것만이 아니라 가끔은 멈추고 자신을 들여다보는 과정이기도 하다는 것을….

그날 밤, 편지가 도착했다.

"이제 너는 떠남과 머무름의 의미를 알게 되었다. 너의 여행은 끝이 아니라 새로운 시작이다."

루카스는 편지를 접고 하늘을 올려다보았다. 별들은 여전히 그의 길을 비추고 있었다. 그리고 그는 미소를 지으며 다시 걸음을 내디뎠다.

끝없는 수평선

루카스는 다시 길을 나섰다. 그는 더 이상 목적지를 고민하지 않았고 발길이 이끄는 대로 걷기로 했다. 그의 앞에는 끝없는 수평선이 펼쳐져 있었다.

그는 바다에 도착했다. 파도가 부서지는 소리를 들으며 그는 깊은 숨을 내쉬었다. 마치 바다가 그의 지난 여행을 받아 주는 듯한 기분이 들었다.

그는 그곳에서 한 늙은 선원을 만났다. 선원은 바다를 떠나지 않고 평생을 이곳에서 살아온 사람이었다.

"바다를 떠나는 사람들은 언제나 다시 돌아오지. 너는 다시 돌아갈 곳이 있느냐?"

루카스는 잠시 생각했다. 그는 많은 곳을 거쳐 왔지만, 돌아갈 곳이 어디인지 확신할 수 없었다.

 "저는 길 위에서 살아가기로 했어요. 돌아갈 곳을 정하는 대신, 어디서든 나를 찾으려고요."
 선원은 미소를 지으며 말했다.
 "그렇다면 바다를 두려워할 필요가 없겠구나. 너는 이미 너만의 항로를 그리고 있으니…"

바람을 따라

 루카스는 배에 올랐다. 바람이 돛을 부풀게 하며 배를 앞으로 밀어 냈다. 그는 이제 물결 위에서도 길을 찾을 수 있음을 깨달았다.

 배에는 다양한 사람이 타고 있었다. 상인, 학자, 여행자 그리고 고향으로 돌아가는 사람들…. 그들은 서로의 이야기를 나누며 항해의 시간을 채워 나갔다.

 한 학자가 말했다.
 "여행이란 단순히 새로운 곳을 가는 것이 아니라 서로의 이야기를 나누는 것이기도 해요."

 루카스는 그의 말에 깊이 공감했다. 그의 여행이 점점 더 많은 이야기로 채워지고 있다는 것을 느꼈다.

그는 밤이 되자 바다 위에서 별을 바라보았다. 선원이 별을 가리키며 말했다.

"이 별들은 옛 항해자들이 길을 찾는 데 사용했지. 네가 가야 할 길도 그 속에 있을 거야."

루카스는 별을 보며 자신의 여행을 돌아보았다. 그는 더 이상 두려움 없이 앞을 향해 나아가고 있었다.

그날 밤, 그는 또 한 통의 편지를 받았다.

"너의 여행은 이제 새로운 바다를 향하고 있다. 두려움 없이 나아가라."

미지의 섬

며칠 후 배는 안개 속에서 서서히 모습을 드러내는 섬에 다다랐다. 선장은 이곳을 지도에도 없는 미지의 섬이라고 했다.

"이 섬은 바다를 표류하는 자들이 가끔 도착하는 곳이야. 원하는 것을 찾는 사람도 있고 아무것도 남기지 못한 채 떠나는 사람도 있지."

루카스는 뱃머리에서 섬을 바라보았다. 그는 이제까지 여러 곳을 여행했지만, 목적 없이 떠나는 것은 이번이 처음이었다.

그는 섬에 발을 디디자마자 깊은 숲으로 들어갔다. 바람이 잎 사이를 스쳐 지나가며 속삭이는 듯했다. 그는 그 속에서 자신만의 답을 찾을 수 있을까?

그날 밤, 그는 한 통의 편지를 발견했다. 그 편지에는 다음과 같이 적혀 있었다.

"이곳에서 너는 진정한 길을 찾게 될 것이다. 하지만 길은 항상 네 안에 있었다는 것을 기억하라."

루카스는 숨을 들이마시며 하늘을 올려다보았다. 별들이 그의 길을 비추고 있었다. 그는 다시 한 걸음을 내디뎠다.

숲속의 속삭임

　루카스는 미지의 섬 속 깊은 숲을 걸었다. 바람이 나뭇잎을 흔들며 조용한 속삭임을 전하는 듯했다. 그의 주변에는 알 수 없는 동물들의 울음소리와 흐르는 물소리가 조화를 이루고 있었다.

　그는 우연히 작은 오두막을 발견했다. 그곳에는 회색 머리의 노인이 앉아 있었다.

　노인은 조용히 루카스를 바라보더니 미소를 지으며 말했다.
"네가 이곳까지 올 줄 알았다."
루카스는 놀란 표정을 지었다.
"저를 알고 계세요?"
노인은 고개를 끄덕였다.

"네가 찾고 있는 답은 밖에 있지 않다. 이 섬은 길을 잃은 자들이 마지막으로 머무는 곳이기도 하지. 하지만 중요한 건 길을 찾는 게 아니라 길을 만드는 것이다."

그날 밤, 그는 오두막 근처에서 하늘을 바라보았다. 바다의 별빛과 숲의 어둠이 공존하는 이곳에서 그는 자신이 온 이유를 곰곰이 생각했다.

선택의 순간

루카스는 며칠 동안 노인과 함께 시간을 보냈다. 그는 숲의 소리를 듣는 법을 배우고 조용히 자연과 하나되는 경험을 했다. 그러던 어느 날, 노인은 루카스를 불러 앉혔다.

"이제 네가 떠나야 할 때가 되었다. 네가 가야 할 길은 네가 정해야 한다. 다시 배를 타고 떠날 수도 있고 이 섬에 남아도 된다. 중요한 것은 네 선택이야."

루카스는 깊은 고민에 빠졌다. 그는 여전히 세상을 더 알고 싶었지만, 이 섬에서의 평온함도 마음에 들었다. 하지만 그는 깨달았다. 그의 길은 멈추는 것이 아니라 계속 나아가는 것이었다.

다시 바다로

루카스는 다시 해변으로 나왔다. 모래 위에 남겨진 그의 발자국은 파도가 스며들며 천천히 지워지고 있었다. 그는 마지막으로 숲을 돌아보았다. 처음 이곳에 도착했을 때는 단순한 섬처럼 보였지만, 이제는 그의 여정에서 중요한 깨달음을 준 장소가 되었다.

섬은 그를 맞이했고 길을 보여 주었으며 떠나야 할 때가 되었다는 것을 조용히 알려 주고 있었다.

그는 배에 올랐다. 노를 저으며 천천히 바다로 나아갔다. 부드러운 파도가 조용히 배를 밀어 냈고 바람이 그의 머리칼을 스치며 귓가에 속삭였다.

"길은 멈추지 않는다. 계속 나아가라."
그는 이 말을 가슴속에 새겼다.

그날 밤, 그는 배 위에서 마지막으로 섬을 바라보았다. 어두운 실루엣 너머로 희미한 불빛이 보였다. 오두막에서 자신을 배웅하던 노인의 모습이 떠올랐다.
하지만 이제 그는 두려움 없이 새로운 바다를 향해 나아가고 있었다.

그는 더 이상 어디로 가야 하는지 고민하지 않았다. 그는 그저 가고자 하는 곳으로 가는 사람이 되었을 뿐이었다.

바다는 끝없이 그의 앞에 펼쳐지고 있었다.

항해의 시작

루카스가 새롭게 탄 배는 잔잔한 바다를 가르며 나아갔다. 섬은 점점 멀어졌다. 그는 난간에 기대어 넓게 펼쳐진 수평선을 바라보았다. 바다와 하늘이 맞닿은 곳, 그 끝에는 또 다른 미지의 세계가 기다리고 있으리라.

과거에는 불안함을 느꼈을지도 모르지만 지금은 달랐다. 이제 그는 방향을 정하지 않아도 길을 잃을까 봐 두려워하지 않았다.

그때 선장이 그의 곁으로 다가와 물었다.
"이제 어디로 향할 생각인가?"

루카스는 잠시 생각에 잠겼다. 그는 더 이상 목표를 정하지 않고도 자신 있게 나아갈 수 있었다.

그는 바람의 흐름을 느끼며 천천히 대답했다.
"바람이 이끄는 곳으로 가볼까 합니다. 그곳이 어디이든, 그곳에서 새로운 길을 찾게 되겠죠."

선장은 미소를 지으며 고개를 끄덕였다.
"진정한 여행자는 목적지를 정하지 않아도 길을 잃지 않는 법이지."
그는 다시 수평선을 바라보았다.

그곳엔 아직 만나지 못한 사람들이 있었고 아직 들려주지 않은 이야기들이 기다리고 있었다.

그는 가만히 숨을 들이마셨다. 그리고 바람과 함께 새로운 여정을 향해 나아갔다. 그의 항해는 이제 시작이었다.

폭풍 속에서

며칠 동안 바다는 평온했다. 바람은 잔잔했고 파도는 부드럽게 배를 밀어 주며 조용한 항해를 도왔다.

어느 날, 갑자기 거친 바람이 몰아쳤다. 하늘이 어두워지고 파도가 높아지며 배가 심하게 흔들렸다. 선원들은 재빨리 닻을 내리고 돛을 단단히 묶었지만, 폭풍은 점점 강해졌다.

루카스는 난간을 붙잡고 흔들리는 배 위에서 거친 바다를 바라보았다. 파도는 마치 거대한 손처럼 배를 휘감았고 거센 바람이 그의 귓가를 스쳐 지나갔다. 그는 본능적으로 몸을 움츠렸다. 그때 선장이 다가와 그의 어깨를 두드렸다.
"이럴 땐 두려워하지 말고 파도와 함께 움직여야 해. 맞서려 하면 더 휘둘릴 뿐이지."

루카스는 선장의 말을 되새기며 천천히 숨을 들이마셨다. 그는 발밑의 흔들림을 견디며 몸을 억지로 버티는 대신, 파도의 흐름에 몸을 맡기기 시작했다.

배는 여전히 흔들렸지만, 그의 마음속에서는 조금씩 두려움이 사라지고 있었다.

그 순간, 그는 깨달았다. 두려움이 아닌 흐름에 몸을 맡기는 것, 그것이 진정한 여행의 일부라는 것을….

그는 더 이상 폭풍에 맞서 이기려 하지 않았다. 그저 함께 흘러가기로 했다. 그리고 그것이야말로, 길을 찾는 또 하나의 방법이라는 것을 알게 되었다.

새로운 땅

 폭풍이 지나가고 먹구름이 걷히자 바다는 잔잔한 물결을 드러냈다. 며칠 동안 거친 파도에 흔들리던 배는 마침내 새로운 대륙의 해안에 도착했다. 선원들은 닻을 내리고 루카스는 조심스럽게 선미 쪽으로 걸어 나왔다.

 그가 갑판에서 내려 모래사장에 발을 디딘 순간, 새로운 감각이 그의 몸을 감쌌다. 신선한 공기가 폐 깊숙이 스며들었고 하늘은 폭풍 후의 맑은 푸른빛을 띠고 있었다. 해변 너머로 펼쳐진 초목들은 푸른 생명력으로 가득 차 있었고 어디선가 들려오는 새들의 지저귐은 그를 환영하는 듯했다.

 그는 발끝으로 모래를 느껴보았다. 부드러우면서도 단단한 이 땅이 이제 그의 새로운 길이 될 것이었다. 아직은 낯선 땅이었지만, 그에게는 익숙한 감각이 들었다. 마치 이곳이 오래전부터 그를 기다리고 있었던 것처럼….

그는 가만히 숨을 들이마시며 혼잣말을 했다.
"여기가 바로 내 새로운 길의 시작이야."

그날 밤, 루카스는 바닷가 근처의 작은 바위에 잠시 몸을 기댔다. 밤하늘은 별빛으로 가득 차 있었고 파도는 잔잔하게 해안가를 어루만지듯이 밀려왔다. 그때 선원 중 한 명이 다가와 그에게 작은 통을 건넸다.
"네 앞으로 온 것 같더군."

루카스는 놀라며 통을 받아 뚜껑을 열었다. 안에는 작은 편지가 들어 있었다. 종이는 얇고 가벼웠지만, 그 안에 담긴 글귀는 무겁고도 깊은 울림을 주었다.

"길은 끝나지 않는다. 너의 발걸음이 가는 곳마다 새로운 이야기가 펼쳐질 것이다. 나아가라."

바람이 살짝 불어와 그의 머리칼을 흩날렸다. 그는 하늘을 올려다보았다. 별들은 여전히 제자리를 지키고 있었고 저 멀리 펼쳐진 숲과 언덕들이 그를 기다리고 있었다.

루카스는 다시 한 걸음을 내디뎠다. 이제 새로운 땅에서 또 다른 모험이 시작되리라.

낯선 땅에서

루카스는 새로운 대륙의 해변을 따라 걸으며 주변을 천천히 둘러보았다. 이곳은 지금까지와 사뭇 달랐다. 파도는 부드럽게 모래사장을 어루만지듯이 밀려왔다가 조용히 사라졌고, 바람은 해안가의 억새를 흔들며 낮고 깊은 속삭임을 전했다.

그는 시선을 발밑에 두었다. 모래사장이 그의 발자국을 잠시 간직했다가 이내 바람과 함께 흔적 없이 사라졌다. 마치 이곳이 그를 받아들이면서도, 언제든지 다시 떠날 준비를 하라고 이야기하는 것 같았다.

루카스는 숨을 들이마시며 자신에게 속삭였다.
'이곳은 내가 찾던 곳일까, 아니면 또 다른 길을 향한 하나의 멈춤일까?'

그는 파도 소리를 들으며 해변을 따라 걸었다. 머지않아 작은 마을이 보였다. 오랜 세월을 간직한 듯한 돌담과 나무로 지어진 집들이 가지런히 자리 잡고 있었고 거리에는 몇몇 사람들이 바쁘게 움직이고 있었다.

그가 마을로 들어서자 몇몇 사람들이 그의 모습을 발견하고 흘끗거리며 속삭였다. 호기심 어린 시선이 느껴졌지만, 그 누구도 먼저 말을 걸지는 않았다. 이방인의 등장은 이곳에서도 흔한 일이 아닐 것이기 때문이다.

그때 한 노인이 천천히 다가와 루카스를 바라보았다. 그의 눈빛에는 경계심보다는 온화한 호기심이 담겨 있었다.

"어디에서 오는가, 젊은 여행자여?"
루카스는 잠시 미소를 머금고 고개를 끄덕이며 대답했다.
"길에서 왔습니다. 그리고 저는 길을 찾아가고 있습니다."
노인은 그의 말을 음미하듯이 잠시 침묵하다가 고개를 끄덕이며 나지막이 말했다.

"이곳에 머물면서 길을 찾을 수도 있지. 때로는 멈추는 것이 가장 중요한 여정이 되기도 하니까."

그 말에 루카스는 잠시 생각에 잠겼다. 그는 지금까지 오직 걸어가는 것만이 중요하다고 여겼다. 하지만 멈추고 머무르는 것 또한 여행의 일부일지도 몰랐다.

그는 마을을 둘러보며 조용히 속삭였다.
"어쩌면 이곳이 내 이야기가 또 다른 방향으로 흘러가는 지점일지도 모르겠다."
그렇게 그는 처음으로 목적 없이 한곳에 머물 생각을 하게 되었다.

마을의 이야기

 루카스는 마을 사람들과 이야기를 나누었다. 그들은 자신들의 조상과 땅 그리고 바람이 가져다 준 이야기들을 들려주었다. 대륙의 곳곳을 떠돌며 수많은 이야기를 들었지만, 이곳의 사람들에게서 느껴지는 이야기는 특별했다. 그것은 단순한 과거의 기록이 아니라 살아 숨 쉬는 현재이자 미래를 향한 지혜였다.

 그는 마을 광장에서 젊은이들이 춤추고 노래하는 모습을 바라보았다. 음악은 단순한 즐거움이 아니라 세대를 잇는 다리와 같았다. 조상들이 남긴 전통이 노래와 몸짓 속에서 살아 숨 쉬었고 그것을 이어받은 젊은이들은 새로운 리듬을 더해 나가고 있었다.

 그 순간, 루카스는 깨달았다. 여행이란 단순히 새로운 곳을 찾는 것이 아니라 그곳에 깃든 이야기들을 이해하는 과정이라는 것을…. 그리고 새로운 땅을 발견하는 것만큼 그 땅을 기억하는 사람들의 목소리에 귀 기울이는 것이 중요하다는 사실을….

한 노인이 그에게 다가와 말했다.
"당신이 떠돌며 길을 찾고 있다면, 우리도 같은 길 위에 있는 셈이지. 우리의 조상들도 늘 새로운 땅을 찾아 떠났거든."

그 말에 루카스는 고개를 끄덕였다. 모든 사람은 결국 같은 길을 걷고 있었다. 단지 방향과 속도가 다를 뿐, 모두가 저마다의 이야기를 만들어 나가며 삶의 여정을 이어가는 존재였다.

그는 이곳에서 많은 것을 배웠다. 떠나는 것만이 여행이 아니었다. 멈추어 서서 그곳의 이야기를 듣고 마음속에 새기는 것 또한 의미 있는 여정이었다.

밤이 깊어지자 마을 사람들은 하나둘씩 집으로 돌아갔다.

하지만 루카스의 마음속에는 그들이 남긴 이야기들이 여전히 울려 퍼지고 있었다. 그는 하늘을 올려다보며 생각했다.

'나는 길을 떠나왔지만, 이곳에서 또 하나의 길을 발견했다.'

그리고 그는 그 길을 마음에 품으며 다시 앞으로 나아갈 준비를 했다.

떠날 시간

며칠 후 루카스는 다시 길을 떠나기로 결심했다. 마을은 따뜻했고 사람들은 친절했으며 이곳에서의 시간은 마치 오래전부터 알던 곳에 머무르는 듯한 편안함을 주었다. 그러나 그는 알았다. 그가 머물러야 할 곳은 이곳이 아니라 아직 가보지 않은 길 위에 있다는 것을….

아침이 밝아올 무렵, 그는 조용히 짐을 챙겨 마을 광장으로 향했다. 마지막 인사를 하기 위해서였다. 마을 사람들은 이미 그가 떠날 것을 알고 있었다. 누구도 붙잡지 않았고 누구도 슬퍼하지 않았다. 그들의 눈빛에는 따뜻한 이해와 응원이 담겨 있었다.

출발하기 전, 루카스는 광장에서 그를 기다리고 있던 노인을 만났다. 노인은 주름진 손으로 작은 나무로 만든 나침반을 건네주었다.

"이것은 방향을 알려 주는 물건이 아니라 당신이 어디에 있든 길을 기억하게 해 주는 물건이네."

루카스는 나침반을 손에 쥐었다. 나무로 정성스럽게 조각된 그것은 단순한 도구가 아니었다. 그것은 길을 찾는 것이 아니라 길 위에 선 자신을 잊지 않도록 해 주는 물건이었다.

그는 고개를 숙여 깊이 감사했다. 그리고 다시 바람을 따라 걸음을 옮겼다.

이제 그는 알았다. 길은 항상 그의 안에 있다는 것을…. 어디로 가든, 어떤 선택을 하든, 그의 발걸음이 닿는 곳마다 길은 계속될 것이다.

그렇게 그는 또 다른 여정을 향해 나아갔다.

사막을 건너며

루카스는 마을을 떠나 사막으로 들어섰다. 끝없는 모래 언덕이 펼쳐져 있었고 태양은 가차 없이 그의 등을 뜨겁게 내리눌렀다. 신발 속으로 스며든 모래가 발을 태우듯이 달궜지만, 그는 묵묵히 걸었다.

그는 모래 위에 남겨지는 자신의 발자국을 바라보았다. 그러나 그것은 오래 머무르지 않았다. 바람이 스칠 때마다 발자국은 서서히 희미해지더니 결국은 아무 흔적도 남기지 않고 사라졌다.

그는 문득 생각했다.
'길은 사라지지만, 내가 걸었던 의미는 남는다.'

사막을 한참 걸어가던 중 한 여행자를 만났다. 그 여행자는 오랜 세월 동안 사막을 걸으며 길을 찾는 사람이었다. 그의 얼굴에는 긴 여정을 견뎌낸 자들만이 가진 평온함이 깃들어 있었다.

그는 루카스를 바라보며 조용히 말했다.
"사막에서는 길이 보이지 않는다. 그러나 네가 걷는 곳이 곧 길이 된다."

루카스는 그의 말을 곱씹으며 되새겼다. 지금까지 그는 목적지를 향해 걸었지만, 사막에서는 목적지도, 길도 보이지 않았다. 하지만 그것이 곧 새로운 깨달음이 될 수도 있었다.

그는 이제 더 이상 정해진 방향을 찾으려 하지 않기로 했다. 그 대신, 자신이 서 있는 순간을 살아가기로 했다. 목적지가 아닌, 발걸음 그 자체가 길이 된다면, 그는 어디에 있든 길 위에 있는 것이 아닐까?

그렇게 루카스는 또 한 걸음을 내디뎠다. 사막의 바람이 그의 흔적을 지우고 있었지만, 그는 더 이상 두렵지 않았다.

별빛 아래에서

밤이 되자 사막의 온도는 낮보다 훨씬 서늘해졌다. 뜨거운 열기가 가라앉고 모래 위에는 차가운 공기가 스며들었다. 루카스는 천천히 걸음을 멈추고 모래 위에 앉아 하늘을 바라보았다.

별들은 끝없이 펼쳐진 검은 하늘 위에서 반짝이고 있었다. 낮에는 방향을 잃을 것 같았던 사막이 밤이 되자 또 다른 길을 보여 주는 듯했다. 마치 별들이 자신만의 길을 만들어가듯이 그의 길도 그렇게 만들어질 것만 같았다.

그는 가만히 숨을 들이마시며 혼잣말을 했다.
"이제 나는 어디로 가든 상관없다. 나는 내 길을 만들어갈 것이니까."

그 순간, 그는 더 이상 방황하는 사람이 아니었다. 길이란 정해진 곳을 향해 가는 것이 아니라 걸어가는 순간순간이 곧 길이 된다는 것을 깨달았기 때문이었다.

그날 밤, 그는 또 한 통의 편지를 받았다. 편지는 언제나처럼 그의 곁에 놓여 있었다.

"길은 당신이 걷는 곳마다 새롭게 태어난다. 당신이 걸어간 곳은 또 다른 여행자의 지도가 될 것이다."

루카스는 조용히 편지를 접으며 미소를 지었다. 그는 깨달았다. 그가 걸어온 모든 길은, 누군가에게 새로운 길이 될 수 있다는 것을….

다음 날, 해가 뜨자 그는 다시 걸음을 옮겼다. 사막의 바람은 그의 흔적을 지웠지만, 그의 여정은 결코 끝나지 않을 것이었다.

그의 여행은 계속될 것이다.

강을 따라 흐르며

사막을 벗어난 루카스는 초목이 우거진 강가에 도착했다. 건조하고 거칠었던 사막과는 달리, 이곳의 공기는 신선했고 강물은 잔잔하게 흐르며 그의 발걸음을 반겼다.

루카스는 강물을 바라보았다. 물살은 쉬지 않고 흘렀지만, 거세게 밀려 나가는 것도, 억지로 멈추려 하는 것도 아니었다. 그저 자연스럽게 흐르며 자신만의 길을 만들어 나가고 있었다. 마치 그에게 새로운 길을 안내하는 듯했다.

그는 강을 따라 걸으며 물소리에 귀를 기울였다. 물은 말 없이도 많은 이야기를 전하는 듯했다.

그 길을 따라가던 중 강가에서 한 어부를 만났다. 어부는 조용히 그물을 던지며 시간을 보내고 있었다. 햇살이 반짝이는 물 위로 작은 물고기들이 튀어 올랐다.

어부가 말했다.
"강물은 멈추지 않아. 하지만 서둘지도 않지."
그는 천천히 그물을 당기며 말을 이어갔다.
"때로는 이 흐름을 따라가는 것도 한 가지 방법이야."

루카스는 어부의 말을 되새겼다. 그는 여행 내내 길을 찾기 위해 걸어왔지만, 어쩌면 흐름에 몸을 맡기는 것도 중요한 여정일지 모른다는 생각이 들었다.

강물은 방향을 고민하지 않았다. 그냥 흐를 뿐이었다.

루카스는 발걸음을 멈추고 잠시 강가에 앉아 물결을 바라보았다. 사막에서는 길을 찾기 위해 발자국을 남겨야 했지만, 강에서는 굳이 그러지 않아도 될 듯했다.

'나도 강처럼 흐를 수 있을까?'

그는 스스로에게 물었다. 그리고 어느새, 대답은 강물 속에 이미 존재하고 있다는 것을 느꼈다.

그렇게 그는 강과 함께 흘러가기 시작했다.

나무의 속삭임

 강을 따라 걷던 루카스는 거대한 숲에 들어섰다. 나무들은 조용히 속삭이며 그를 맞이했다. 나뭇가지들은 바람이 잎사귀를 스칠 때마다 마치 그의 여정을 축복하듯이 흔들렸다. 숲의 공기는 신선했고 흙과 나무 향이 섞인 바람이 피부를 감쌌다.

 그는 숲속에서 작은 오두막을 발견했다. 그곳에는 한 노파가 살고 있었다. 그녀는 마치 루카스를 오래전부터 알고 있었던 듯이 조용히 그를 바라보았다.

 "당신의 발걸음이 이곳까지 데려왔구나. 당신이 찾는 것이 무엇인지 아는가?"

 루카스는 대답하지 못했다. 루카스는 아직도 자신의 여행이 어디를 향하는 것인지 확신하지 못했다. 그는 그저 걷고 있을 뿐이었다.

노파는 미소를 지으며 따뜻한 차 한 잔을 내 주었다. 그리고 조용히 말했다.
"여행은 찾는 것이 아니라 받아들이는 것이네. 당신이 이곳에 머물든, 떠나든 모든 것이 당신의 길이 될 것이야."

루카스는 노파의 말을 곱씹었다. 지금까지 그는 길을 찾아 걷는 것이 중요하다고 생각했다. 하지만 어쩌면 이미 걸어온 길 속에 답이 있을지도 모른다.
그는 숲에서 하루를 머물며 자신을 돌아보았다. 그리고 마침내 깨달았다. 길은 외부에 있는 것이 아니라 자신의 마음속에 존재한다는 것을….

바람이 불어 나뭇잎이 흔들렸다. 그것은 마치 숲이 그의 깨달음을 축하하는 속삭임 같았다.

새로운 발걸음

 다음날 아침, 루카스는 다시 길을 떠났다. 하지만 이번에는 달랐다. 그는 더 이상 길을 찾으려 하지 않았다. 그는 이제 길을 받아들이기로 했다.

 그는 강과 숲 그리고 사막을 지나면서 깨달았다. 여행은 끝이 있는 것이 아니라 계속 이어지는 과정이라는 것을…. 어디로 가든, 어떤 곳에 머물든, 길은 언제나 그 안에 존재하고 있었다.

 그날 밤, 그는 편지를 받았다. 종이 위에 쓰인 문장은 단순하지만 깊은 울림을 주었다.

 "당신은 이제 길이 무엇인지 깨달았다. 당신이 가는 곳이 곧 길이 되고 네가 만나는 이들이 당신의 이야기가 될 것이다. 나아가라. 그리고 새로운 이야기를 만들어라."

 루카스는 편지를 조심스럽게 접으며 미소를 지었다. 길이란 정해진 것이 아니라 그가 발을 디디는 순간 새롭게 만들어지는 것이었다.

 이제 그는 준비가 되어 있었다. 새로운 여행, 새로운 만남 그리고 또 다른 이야기들이 그를 기다리고 있었다.

 그는 다시 한 걸음을 내디뎠다. 그리고 그의 이야기는 계속되었다.

별이 가리키는 곳

새로운 여행을 시작한 루카스는 밤하늘을 올려다보며 걸었다. 별들은 마치 그를 안내하는 듯이 반짝였다. 그는 별빛 아래에서 길을 찾았다.

어느 작은 마을에 도착한 그는 광장에서 밤하늘을 바라보는 한 아이를 만났다. 아이는 손을 들어 별을 가리키며 말했다.
"저 별을 따라가면 어디에 도착할까요?"
루카스는 아이를 바라보며 미소를 지었다. 그리고 조용히 대답했다.
"어디든지 네가 원하고 상상하는 곳에 닿을 거야. 중요한 건 어디로 가느냐가 아니라 그 길을 어떻게 걸어가느냐지."
아이의 눈이 반짝였다. 그 말은 단순했지만, 마치 새로운 세상을 향한 문을 열어 주는 듯한 느낌이었다.

루카스는 아이에게 자신의 지난 여정의 이야기를 들려주었다. 사막을 건너며 만난 바람의 속삭임, 숲에서 깨달은 나무들의 지혜, 강물의 흐름을 따르며 배운 것들….

아이는 조용히 귀를 기울였다. 그리고 작은 손을 꼭 쥐며 말했다.
"그럼 나도 언젠가 길을 떠날 거예요. 그리고 저만의 이야기를 만들 거예요."

루카스는 다시 밤하늘을 올려다보았다. 별들은 여전히 빛나고 있었고 길은 계속해서 이어지고 있었다.

그리고 그는 알았다. 길을 떠나는 것은 끝이 아니라 새로운 이야기의 시작이라는 것을….

그는 다시 발걸음을 내디뎠다. 아이가 언젠가 떠날 길을 생각하며…. 그리고 자신이 걸어갈 또 다른 이야기를 향해….

이별과 새로운 시작

 루카스는 며칠 동안 마을에 머문 후 다시 떠나기로 했다. 마을 사람들은 그의 여정을 축복하며 작은 물병과 음식을 건네주었다. 짧은 시간이었지만, 그와 함께한 사람들에게는 그의 발걸음이 하나의 이야기로 남아 있었다.

 그가 길을 떠나기 전, 광장에서 만났던 아이가 배웅하며 조심스럽게 물었다.
"언젠가 다시 만날 수 있을까요?"
 루카스는 미소를 지으며 아이의 눈을 바라보았다.
"길은 이어져 있어. 언젠가 다시 우리의 길이 만나겠지."

 그는 아이의 작은 손을 살며시 잡았다. 그는 이별이란 단순한 끝이 아니라 또 다른 시작을 의미한다는 것을 알고 있었다.

그는 마을 입구에 서서 마지막으로 뒤를 돌아보았다. 따뜻한 시선으로 그를 배웅하는 사람들, 바람에 흔들리는 나무 그리고 아직도 반짝이는 밤하늘의 별들…. 모든 것이 그의 기억 속에서 하나의 길이 되어 이어질 것이다.

그는 발걸음을 옮기며 새로운 곳을 향했다. 더 이상 어디로 가야 하는지 고민하지 않았다. 그는 단지 걸으며 새로운 이야기와 만남을 맞이할 준비가 되어 있었다.

그렇게 그는 또 한 걸음을 내디뎠다. 이별은 곧 새로운 여정의 시작이었다.

바람이 머무는 곳

루카스는 넓은 평야에 도착했다. 바람은 그의 얼굴을 부드럽게 스쳤다. 그는 눈을 감고 바람의 흐름을 느껴보았다.

어디에서 와서 어디로 가는지 알 수 없지만, 바람은 망설이지 않았다. 그저 흘러가고 머물고 다시 떠날 뿐이었다. 마치 여행자처럼….

바람이 그를 인도한 곳은 조용한 절벽 위였다. 그곳에는 한 여행자가 앉아 있었다. 그는 평온한 얼굴로 루카스를 바라보며 말했다.

"길을 따라가면 결국 우리가 만나게 되지. 당신이 찾는 것은 무엇인가?

루카스는 잠시 생각했다. 과거의 자신이라면 '길을 찾고 있다'라고 답했을 것이다. 하지만 이제는 달랐다. 그는 가만히 웃으며 대답했다.

"이제는 찾지 않아. 그냥 걷고 있을 뿐이야."

여행자는 고개를 끄덕이며 미소를 지었다.

"진정한 여행자가 되었군. 바람처럼 가고 싶은 곳으로 가면 된다네."

루카스는 절벽 위에서 멀리 펼쳐진 풍경을 바라보았다. 저 멀리 또 다른 길이 보였다. 하지만 그 길이 어디로 이어지는지는 중요하지 않았다. 그는 이제 알았다. 중요한 것은 '어디로 가는가'가 아니라 '어떻게 가는가'라는 것을….

바람이 살짝 불어 그의 옷자락을 흔들었다. 마치 '이제 가도 좋다'고 말하는 듯했다.

그는 다시 한 걸음을 내디뎠다.
그의 여행은 계속되고 있었다.

모래 언덕을 넘어

루카스는 절벽을 내려와 다시 길을 나섰다. 그의 앞에는 끝없이 펼쳐진 모래 언덕이 있었다. 모래는 부드러웠지만, 발이 빠질 정도로 깊었다. 그는 한 걸음을 내디딜 때마다 모래가 그의 발을 감싸는 것을 느꼈다.

낮 동안 태양은 강렬했지만, 그는 더 이상 그 뜨거움을 피하려 하지 않았다. 오히려 햇빛이 만들어 내는 그림자와 바람이 빚어 내는 곡선을 바라보며 사막의 흐름을 그대로 받아들이기로 했다.

그는 발자국이 모래 속으로 사라지는 것을 보며 생각했다.
'이곳을 걷는 것은 마치 자신의 흔적을 잠시 남겼다가 사라지게 하는 것과 같구나.'

그 순간, 한 여인을 만났다.

그녀는 모래 위에 조용히 앉아 작은 나뭇가지로 그림을 그리고 있었다. 루카스는 다가가 그녀를 바라보았다.

그녀는 환한 미소를 지으며 말했다.

"모래 위의 그림은 오래 남지 않지만, 그 순간은 영원히 기억되지."

루카스는 그녀의 말을 곱씹었다.

그는 잠시 생각에 잠기다 조심스럽게 물었다.

"그렇다면 여행도 마찬가지인가요? 우리가 지나온 길은 결국 사라지는 걸까요?"

여인은 조용히 고개를 저으며 대답했다.

"길은 사라지지 않아. 그것은 우리가 어떻게 기억하고 어떻게 이야기하느냐에 달려 있지."

그 말은 마치 그의 마음속에 남아 있던 모든 질문의 답과 같았다.

루카스는 깊이 숨을 들이마셨다. 그의 여정은 그가 지나온 발자국이 아니라 그 발걸음이 만들어 낸 이야기 속에 존재하는 것이라는 것을 깨달았다.

그는 다시 모래 위에 한 걸음을 내디뎠다. 이번에는 흔적이 사라지는 것을 두려워하지 않았다. 그의 길은 이미 마음속에 새겨지고 있었기 때문이다.

밤의 사원

루카스는 모래 언덕을 지나 거대한 사원 앞에 도착했다. 그곳은 고요함 속에 우뚝 서 있었고 별빛이 석벽을 은은하게 비추고 있었다. 사원의 문은 굳게 닫혀 있었지만, 루카스는 망설이지 않았다. 그는 조용히 문을 두드렸다.

한참 후 한 수도승이 문을 열었다. 수도승은 루카스를 바라보며 조용히 말했다.
"이곳은 찾는 자들에게만 보이는 곳이다. 당신이 찾고 있는 것은 무엇인가?"
루카스는 대답하지 않았다. 그는 이제 더 이상 찾지 않고 그저 길 위에 있을 뿐이었다.
그의 침묵을 바라보던 수도승은 미소를 지으며 말했다.
"그렇다면 너는 이미 답을 찾은 것이나 다름없다. 들어오너라."

루카스는 사원의 문턱을 넘어섰다. 사원 내부는 더욱 깊은 침묵 속에 잠겨 있었고 벽을 따라 놓인 촛불이 희미한 빛을 발하고 있었다.

그는 그곳에서 하룻밤을 머물렀다. 촛불이 흔들리는 조용한 방에서 그는 깊은 사색에 잠겼다.

그리고 마침내 그는 깨달았다. 모든 길은 결국 하나로 연결되어 있다는 것을….

그가 걸어온 길, 만났던 사람들, 남겼던 흔적과 배웠던 것들…. 그 모든 것이 하나의 흐름 속에 존재하고 있었다.

별빛이 사원의 지붕을 비추고 있었다. 루카스는 눈을 감으며 조용히 숨을 내쉬었다.

그는 이제 떠날 준비가 되어 있었다. 새로운 길은 항상 그를 기다리고 있었으니까.

끝없는 여정

새벽녘 부드러운 햇살이 사원의 기와를 어루만지며 금빛으로 빛났다. 산등성이 위로 떠오른 해가 안개를 걷어내자 숲과 들판이 서서히 모습을 드러냈다. 루카스는 조용히 사원을 내려다보았다. 이제 그는 떠날 준비가 되어 있었다.

그는 천천히 계단을 내려오면서 사원의 대문을 바라보았다. 마치 그를 배웅하는 듯이 바람이 살며시 불어왔다. 그는 깊이 숨을 들이마셨다. 더 이상 목적지는 필요하지 않았다. 그가 가는 곳이 곧 길이었고 그의 발걸음이 이야기를 만들어 나가고 있었다.

한때 그는 길을 찾아 떠났지만, 이제는 스스로 길을 만들어 나가고 있었다. 목적 없는 여정이었지만, 그 안에서 그는 진정한 자유를 느꼈다. 두려움도, 망설임도, 불안도 없었다. 그는 그저 걸었다.

해가 저물고 밤이 찾아왔다. 그는 별들이 하늘을 가득 채운 밤하늘을 바라보며 자그마한 언덕에 앉아 있었다. 그때 바람을 타고 한 장의 편지가 그의 손에 도착했다.

"당신의 길은 끝나지 않았다. 그것은 당신의 발걸음이 머무르는 모든 곳에서 계속될 것이다. 나아가라. 그리고 이야기하라."

루카스는 편지를 접으며 조용히 미소를 지었다. 그의 여정은 결코 끝나지 않을 것이다. 이야기는 계속될 것이고 그는 계속 걸어갈 것이다.

그는 자리에서 일어나 하늘을 올려다보았다. 그는 다시 한 걸음을 내디뎠다. 그리고 그 순간, 그의 여행은 새롭게 시작되었다.

새로운 아침

루카스는 사원을 떠나 다시 길을 나섰다. 차가운 밤공기가 그의 뺨을 스쳤지만, 이제 그는 그것마저도 여행의 일부로 받아들였다. 그의 마음은 가벼웠고 발걸음에는 망설임이 없었다.

그가 걸어가는 동안 동쪽 하늘이 점차 밝아지기 시작했다. 아직은 희미했지만, 서서히 퍼져 나가는 빛이 어둠을 밀어 내고 있었다.

마침내 태양이 지평선 너머로 떠올랐다. 따뜻한 햇살이 세상을 물들이는 순간, 루카스는 잠시 걸음을 멈추었다. 그는 온전히 이 광경을 받아들이고 싶었다.

그는 속삭이듯이 말했다.

"오늘 아침은 어제와 다르다. 그리고 내일은 또 새로운 빛을 가질 것이다."

바람이 불어왔다. 그의 머리칼을 흩날리며 마치 다음 여정을 응원하는 듯했다.

그는 스스로에게 말했다.
"여행이란 끝이 없는 것이며 매일이 새로운 시작이라는 것을 깨달았다."

그는 다시 걸음을 내디뎠다. 어제의 자신보다 한 걸음 더 나아간 채 끝없는 길 위에서 새로운 날을 맞이하며….

제3부

지도에 없는 길

또 다른 여행자

 길을 가던 도중 루카스는 한 여행자를 만났다. 헬레나라는 이름의 그녀는 작은 배낭을 메고 있었고 발걸음은 가벼웠다. 그녀는 루카스를 보며 인사했다.
 "우리 같은 사람들은 결국 길 위에서 만나게 되는군요."
 루카스는 미소를 지으며 대답했다.
 "길이란 결국 서로를 만나게 해 주는 것이니까요."

 그들은 함께 걷기 시작했다. 길을 걸으며 서로의 이야기를 나누었다. 루카스는 그녀가 자신과 같은 고민을 했던 사람이라는 걸 알았다.

 그녀도 한때 어디로 가야 할지 고민했던 사람이었다. 하지만 이제는 목적지를 정하지 않고 두려움 없이 길을 따라 걷기로 결심

한 상태였다. 그녀는 이미 길을 걷는 것 자체가 의미가 된 사람이었다.

그녀가 물었다.
"여행을 할 때 가장 중요한 것은 무엇이라고 생각하나요?"

루카스는 잠시 생각에 잠겼다.

그리고 천천히, 그러나 확신에 찬 목소리로 말했다.
"아마도 그 순간을 온전히 살아가는 것 아닐까요? 목적지를 정하는 것이 아니라 그 길 위에서 존재하는 것…."
그녀는 조용히 고개를 끄덕였다.

두 사람은 더 이상 말하지 않았다. 그저 같은 길을 걸으며 그 순간을 함께 살아가고 있었다.

수평선 너머

몇 날 며칠을 걸은 후 루카스와 그의 동행자는 넓은 바다가 보이는 절벽에 도착했다. 눈앞에는 끝없이 펼쳐진 푸른 바다가 있었다. 수평선은 그들을 부르는 듯했다.

그녀는 바다를 바라보다가 조용히 말했다.
"저기 너머에는 또 다른 길이 있겠죠. 우리는 그 길을 계속 걸어가야 할까요?"
루카스는 그녀를 바라보며 미소를 지었다.
"우리가 멈추고 싶다면 멈출 수도 있겠죠. 하지만 결국 우리는 다시 길을 걷게 될 거예요. 길은 항상 우리를 부르니까요."
그녀는 고개를 끄덕이며 바람을 맞았다. 잠시 후 그녀는 한 발 앞으로 내디뎠다. 루카스도 함께 걸었다.

그의 여행은 끝나지 않았다. 그리고 앞으로도 계속될 것이었다.

바다를 향하여

루카스와 그의 동행자는 절벽 위에서 한동안 바다를 바라보았다. 끝없는 바다의 수평선은 잔잔하게 출렁이며 저 너머의 세계를 속삭이고 있었다.

그녀가 조용히 물었다.
"우리도 바다를 건너야 할까요?"
루카스는 잠시 바람의 흐름을 느꼈다. 바람은 마치 길을 가리키듯이 부드럽게 불어왔다. 그는 고개를 끄덕이며 대답했다.
"아마도. 길은 우리를 새로운 곳으로 인도하겠죠."
그의 여행은 끝나지 않았다. 그리고 앞으로도 계속될 것이었다.

그들은 항구로 내려가 작은 배를 찾았다. 그곳에서 바다로 떠나는 선원을 만나 배에 오를 수 있었다. 배가 서서히 항구를 떠나자 그들은 떠나온 땅을 한동안 바라보았다.

새로운 여정이 시작되고 있었다. 그들의 길은 여전히 이어지고 있었다.

바람과 함께

배는 바람을 타고 나아갔다. 선원들은 노련하게 항해하며 그들을 새로운 대륙으로 인도했다.

밤이 되자 루카스는 갑판에 나와 밤하늘을 바라보았다. 무수한 별들이 파도 위에서 반짝이고 있었다.

그녀가 조용히 물었다.
"바다는 어디로 가는 걸까요?"
루카스는 미소를 지으며 대답했다.
"아마도 우리와 같을 거예요. 어디든 흐르는 대로 가겠죠."
그들은 밤이 깊어질 때까지 바람과 파도 소리를 들으며 서로의 이야기를 나누었다.

루카스는 깨달았다. 여행은 단순히 장소를 이동하는 것이 아니라 함께하는 순간을 공유하는 것이었다. 그 순간, 그는 길 위에서 혼자가 아니라는 것을 깊이 느꼈다.

배는 여전히, 바람과 함께 나아가고 있었다.

낯선 해안

새벽이 되자 배는 새로운 대륙의 해안에 도착했다. 안개가 희미하게 깔린 해안선은 마치 꿈속의 풍경 같았다. 그들은 조용히 배에서 내려 모래를 밟았다. 새로운 땅의 공기는 익숙하면서도 낯설었다.

그녀가 주변을 둘러보며 물었다.
"이곳은 어떤 곳일까요?"
루카스는 바닷바람을 깊이 들이마셨다. 그리고 천천히 대답했다.
"그건 우리가 걸어 보아야 알겠죠."
그들은 해안을 따라 걸으며 길을 찾기 시작했다.

낯선 곳에서의 첫걸음은 언제나 설렘과 기대를 동반하는 법이었다.

그들의 새로운 이야기가 이제 막 시작되고 있었다.

사라진 마을

한참을 걷다 보니 오래된 마을의 흔적이 보였다. 집들은 무너져 있었고 사람들의 흔적은 희미했다. 마치 그곳에서는 시간이 멈춘 듯했다.

그녀가 조용히 속삭였다.
"이곳에서도 사람이 살았을까요?"
루카스는 폐허가 된 집을 바라보며 천천히 말했다.
"그랬겠죠. 어쩌면 우리처럼 여행자였을지도 몰라요."
그들은 마을을 둘러보았다. 사라진 사람들의 흔적을 찾았다.
벽에 남겨진 글씨, 부서진 가구 그리고 낡은 지도 한 장…. 지도에는 익숙하지 않은 장소들이 표시되어 있었다.

그녀가 조용히 물었다.

"이 지도가 우리에게 새로운 길을 알려 주려는 걸까요?"

루카스는 미소를 지으며 대답했다.

"어쩌면요. 길은 우리에게 언제나 새로운 방향을 가르쳐 주니까요."

그들은 지도 위에 표시된 곳을 바라보았다.

그곳에는 어떤 이야기가 기다리고 있을까?

그들은 다시 한 걸음을 내디뎠다. 길은 여전히 이어지고 있었다.

새로운 길의 시작

 그들은 지도를 들고 마을을 떠났다. 이제 그들에게는 새로운 목적지가 생겼다. 하지만 루카스는 알고 있었다. 목적지는 중요하지 않다는 것을…. 중요한 것은 그 길을 걸으며 무엇을 배우는가였다.

 해가 저물며 하늘이 붉게 물들었다. 그들은 길을 따라 걷기 시작했다. 그리고 바람이 다시 불어왔다. 그들에게 새로운 길을 속삭이는 듯했다.

 루카스는 한 걸음을 내디디며 말했다.
 "이 길도 결국 우리를 또 다른 곳으로 데려가겠죠. 하지만 어디든 괜찮아요. 우리는 걷고 있으니까요."
 그녀는 미소를 지으며 고개를 끄덕였다.

두 여행자는 다시 길을 나섰다.

그들의 여행은 여전히 계속되고 있었다.

지도에 없는 길

 루카스와 헬레나는 낡은 지도를 따라 숲으로 들어섰다. 그러나 지도의 선은 희미했고 일부 길은 사라져 있었다. 나뭇가지가 우거진 오솔길은 오랫동안 아무도 지나가지 않은 듯했다. 마치 그들을 새로운 길로 이끄는 듯했다.

 그녀가 조용히 발걸음을 멈추고 물었다.
 "이 길이 맞을까요?"
 루카스는 가만히 주위를 둘러보았다. 길이라는 것은 사람이 만든 것이지만, 때로는 스스로 만들어지는 법이었다. 그는 나침반을 꺼내 방향을 확인한 후 부드럽게 미소를 지으며 말했다.
 "길이 맞고 틀리고는 중요하지 않아요. 우리가 걷는 곳이 곧 길이 될 테니까요."

그녀는 그의 말을 곰곰이 되새기며 고개를 끄덕였다. 두 사람은 다시 발걸음을 옮겼다.

조용한 숲길을 따라 걷는 동안, 새들의 노래와 바람의 속삭임이 함께했다.

잎사귀가 흔들리는 소리, 나뭇가지 사이로 스며드는 햇살 그리고 흙길을 밟을 때 느껴지는 작은 떨림까지…. 이 모든 것이 그들에게 새로운 길이 되어 주고 있었다.

그리고 그 순간, 그들은 단순히 길을 따라가는 것이 아니라 새로운 길을 만들고 있었다.

숲의 속삭임

숲이 점점 더 깊어지며 하늘이 나뭇잎 사이로 희미하게 보였다. 나무들이 빽빽이 자리 잡고 있어 햇빛조차 부드럽게 걸러졌다. 한참을 걷던 중 그들은 오래된 나무에 새겨진 기묘한 문양을 발견했다. 그녀가 문양을 손으로 어루만지며 물었다.

"이건 무슨 뜻일까요?"

루카스는 손끝으로 문양을 따라 그려 보았다. 거친 나무껍질 위에 남겨진 흔적이었지만, 어딘가 익숙한 느낌이 들었다.

"아마도 이곳을 지나간 누군가가 남긴 흔적일 거예요. 우리처럼 길을 찾던 여행자였겠죠."

그들은 조용히 문양을 바라보았다.

그것은 단순한 낙서처럼 보이지 않았다. 오랜 세월 동안 바람과 비를 맞으면서도 지워지지 않았다는 것은 우연이 아니라는 것을 의미하는 듯했다. 그들은 문양을 따라 걸으며 숲의 이야기를 상상했다.

수많은 이들의 발걸음이 이 길을 지나가며 이야기를 남겼을 것이다.

어떤 사람들은 길을 잃었을 수도, 어떤 사람들은 이 길 끝에서 새로운 목적을 찾았을 수도 있었다. 그리고 지금, 그들도 그 이야기에 한 걸음을 더하고 있었다.

숲은 여전히 조용했지만, 어딘가에서 들려오는 바람 소리는 마치 오래된 속삭임 같았다.

그들의 발걸음은 가벼웠고 마음은 차분했다.

그들은 숲의 한 조각이 되어가고 있었다.

바람의 이야기

해가 기울어가며 하늘이 붉게 물들었다. 그들은 작은 개울가에서 잠시 쉬어가기로 했다. 물은 투명한 빛을 머금고 조용히 흐르고 있었다. 헬레나는 조심스럽게 손을 물 속에 담그며 말했다.
"바람이 마치 우리에게 이야기를 들려주는 것 같아요."

루카스는 말없이 귀를 기울였다. 바람이 숲속을 스쳐 지나가며 나뭇잎을 흔들었다. 바람은 때때로 속삭이듯이 부드러웠고 때로는 노래하는 듯한 울림을 만들어 냈다. 개울물은 잔잔한 파문을 만들며 바람과 조화를 이루었고 어디선가 희미한 음악 같은 소리가 들려왔다.

루카스는 눈을 감았다. 자연이 만들어 내는 소리는 마치 오래된 기억을 불러오는 듯했다. 그는 어릴 적 여름밤, 할아버지가 들려주던 이야기들을 떠올렸다. 할아버지는 늘 말하곤 했다.

"길은 언제나 우리에게 말을 걸고 있단다. 우리가 해야 할 일은 듣는 것뿐이지."

그제서야 그는 깨달았다. 자신들이 걸어온 길, 스쳐 지나온 순간들 그리고 이 모든 것들이 바람을 타고 속삭이고 있었다는 것을….

바람이 더욱 깊어진 어둠 속에서 부드럽게 불어왔다. 마치 "잘 왔다"라고 말하는 듯했다. 그들은 말없이 바람의 이야기를 들으며 조용히 밤을 맞이했다.

별빛 아래에서

밤이 깊어가자 하늘에는 수많은 별이 떠올랐다. 그들은 모닥불을 피우고 몸을 녹이며 조용히 하늘을 바라보았다. 불꽃이 튀는 소리와 나뭇가지가 타들어가는 은은한 향이 밤공기 속으로 스며들었다.

헬레나가 속삭이듯이 말했다.
"이 별들은 우리가 어디에 있든 항상 우리를 비춰 주네요."
루카스는 그녀의 말을 들으며 고개를 끄덕였다. 별빛이 어둠 속에서 길을 따라 은은하게 빛났다. 바람이 부드럽게 지나가며 풀잎을 흔들었다.
"우리도 별처럼 길을 따라 빛을 내며 걸어가는 것이겠죠."

그들은 조용히 밤하늘을 올려다보았다. 별들은 마치 무언가를 이야기하려는 듯 반짝이고 있었다. 저 별들처럼 자신들의 길도 누군가에게 작은 빛이 될 수 있을까.

모닥불 옆에서 그들은 밤새 서로의 이야기를 나누었다. 떠나온 길과 걸어갈 길 그리고 가끔은 알 수 없는 미래에 대한 이야기까지…. 불꽃이 천천히 사그라지며 빛을 잃어갈 때쯤 그들의 마음속에는 새로운 빛이 자리 잡았다.

길은 끝이 없었고 별빛처럼 영원했다.

또 다른 갈림길

다음날 아침, 그들은 안개가 옅게 깔린 길 위에 서 있었다. 지도에도 표시되지 않은 갈림길이었다. 한쪽은 울창한 숲으로 이어졌고 다른 한쪽은 끝없는 평원으로 펼쳐졌다.

헬레나가 주위를 둘러보다가 조용히 물었다.
"어느 길을 선택해야 할까요?"

루카스는 잠시 망설이다가 길을 바라보았다. 숲속 길은 어딘가 미지의 모험을 약속하는 듯했고 평원은 트인 시야와 함께 안정감을 주었다. 그는 깊이 숨을 들이마신 후 미소를 지으며 말했다.
"어느 길이든, 결국 우릴 새로운 곳으로 데려다 줄 테니까요. 중요한 건 우리가 함께 걷고 있다는 거예요."

그들은 다시 길을 바라보았다. 두 길 모두 무언가를 속삭이는 듯했다. 당장 눈으로 보이는 모습만으로는 어느 길이 더 쉽고 어느 길이 더 험난할지 알 수 없었다. 하지만 그것은 중요하지 않았다. 길은 언제나 선택을 요구하지만, 가장 중요한 것은 그 선택을 함께하는 사람들이었다.

그녀는 고개를 끄덕이며 미소를 지었다. 그리고 조용히 한 걸음을 내디뎠다. 루카스도 뒤따랐다. 갈림길은 더 이상 고민의 장소가 아니었다.

길은 언제나 새로운 이야기를 준비하고 있었다.

평원의 노래

루카스와 헬레나는 끝없는 평원을 걷기로 결정했다. 발밑으로 부드러운 초원이 펼쳐졌고 그 위로 바람이 자유롭게 흐르고 있었다. 푸른 들판은 마치 하늘과 맞닿아 있는 듯했다.

한참을 걷던 그들은 잠시 멈춰 풀밭에 앉았다. 바람이 초원을 스쳐 지나가는 소리가 귓가에 맴돌았다. 풀잎들이 한 방향으로 일렁이며 바람의 손길에 춤을 추었.

그녀가 조용히 풀잎을 손끝으로 어루만지며 말했다.
"바람이 노래하는 것 같아요."

루카스는 눈을 감고 바람의 속삭임을 들었다. 바람은 일정한 리듬을 가지고 있었다. 낮게 깔린 음률 속에 들판이 숨 쉬고 그들의 존재마저 그 흐름 속에 녹아드는 듯했다.

　루카스가 말했다.
　"우리의 발걸음도 이 바람과 함께 흐르고 있겠죠."
　그녀는 미소를 지었다. 그들의 여정은 단순히 길을 걷는 것이 아니라 바람이 들려주는 이야기 속으로 들어가는 것이었다. 평원은 바람의 노래를 담고 있었고 그들은 그 노래의 일부가 되어 가고 있었다.

　그들은 다시 길을 걸으며 바람이 전하는 노래를 들었다.

잃어버린 마을

그들은 평원을 지나는 길목에서 오래된 폐허를 발견했다. 바람에 쓸려간 흔적 속에서 한때 이곳에 마을이 있었음을 짐작할 수 있었다.

부서진 담벼락, 반쯤 쓰러진 나무들, 여기저기 흩어진 돌들…. 한때는 사람들이 이곳에서 삶을 꾸려 나갔을 것이다. 아침이면 문을 열고 바깥 공기를 들이마시고 낮이면 서로의 이름을 부르며 일을 했을 것이다. 하지만 지금은 아무도 없었다.

루카스는 조용히 말했다.
"이곳에도 누군가의 길이 있었겠죠."

헬레나는 땅에 떨어진 나뭇조각을 주워 손끝으로 어루만졌다.

오래된 기와 조각, 빛바랜 천 조각 그리고 남겨진 문짝 하나…. 그 무엇도 말은 하지 않았지만, 모든 것이 이야기를 품고 있었다.

그녀가 낮은 목소리로 속삭였다.
"길은 사라져도, 기억은 남아 있어요."

그들은 한동안 아무 말 없이 서서 폐허를 바라보았다. 누구의 집이었을까. 어떤 사람들이 이곳에서 삶을 나누었을까.

시간이 흘러도, 마을은 완전히 사라진 것이 아니었다. 이야기 속에서 여전히 살아 숨 쉬고 있었다.

루카스는 조용히 걸음을 내디뎠다. 그녀도 천천히 뒤따랐다. 바람이 불어오며 먼지를 일으켰다. 마치 지나간 시간들이 그들을 향해 마지막 인사를 건네는 듯했다.

그들은 다시 앞으로 나아갔다.

빛과 그림자

 길을 걷던 중 거대한 협곡이 나타났다. 깎아지른 듯한 바위 절벽이 양옆으로 솟아올라 있었고 그 틈으로 깊고 어두운 계곡이 펼쳐졌다. 계곡 사이로 스며든 빛이 만들어 내는 그림자는 마치 거대한 조각처럼 장엄했다.

 그녀는 한 발짝 다가가 협곡 아래를 내려다보았다. 어둠이 가득한 깊은 골짜기…. 그곳에서 올라오는 바람이 서늘한 기운을 실어 나르고 있었다.
 "어둠이 있기에 빛이 더 빛나는 걸까요?"

 루카스는 협곡 위로 펼쳐진 햇살을 바라보며 대답했다.
 "어둠이 있기에 빛이 더 빛나는 것이 아니라 빛이 있기에 어둠이 그 깊이를 드러내는 걸지도 몰라요. 둘은 서로를 비추고 서로를 정의하죠. 우리도 그렇게 빛과 어둠을 지나며 자신을 찾아가는 게 아닐까요?"

 그녀는 그의 말을 곰곰이 되새기며 다시 협곡을 바라보았다. 깊고 어두운 골짜기는 처음에는 위협적으로 보였지만, 그곳에 스며든 빛은 마치 보석처럼 반짝였다.

 "우리는 빛과 어둠을 모두 지나가야 해요. 그것이 여행이니까요."

 그들은 협곡을 따라 걸으며 빛과 그림자가 조화를 이루는 모습을 지켜보았다. 햇살이 비출 때마다 어둠 속에서도 길이 드러났고 계곡 아래에서 올라오는 바람이 그들의 피부를 스치고 지나갔다.

 두려움 속에서도 희망은 있었다. 어둠 속에서도 길은 있었다.

 그들은 빛과 그림자의 조화를 감상하며 다시 발걸음을 내디였다.

 그리고 그들의 여행은 계속되었다.

사원의 문 앞에서

긴 여정을 지나 웅장한 사원 앞에 도착했다. 오래된 돌기둥이 늘어선 입구는 세월의 흔적을 간직한 채 굳게 닫혀 있었다. 바람이 조용히 돌벽을 스치고 지나가며 사원의 신비로운 분위기를 더욱 깊게 만들었다.

사원의 문은 닫혀 있었지만, 그 앞에는 수많은 여행자가 남긴 흔적들이 보였다. 부서진 등불, 바닥에 새겨진 발자국 그리고 오래전 누군가가 돌에 새긴 글귀….

"여기까지 온 자, 이제 진짜 여행이 시작될 것이다."

루카스와 헬레나는 서로를 바라보았다.

이 문 너머에는 무엇이 있을까?

문을 열면 어떤 길이 펼쳐질까?

문은 단순한 상징일 뿐 다른 길을 찾아야 하는 걸까?

그들은 잠시 서서 고민했다. 여행이란 어쩌면 문을 여는 것이 아니라 그 앞에서 무엇을 선택하는가에 달려 있는 것인지도 몰랐다.

루카스가 천천히 손을 내밀어 문을 밀어 보았다. 문은 단단해서 쉽게 열리지 않았다. 그녀는 주변을 둘러보며 다른 길을 찾기 시작했다.

이 문은 그저 하나의 선택지일 뿐이었다.

그들은 앞으로 나아갈 준비가 되어 있었다. 문을 열든, 새로운 길을 찾든 그들의 여행은 이제 새로운 국면을 맞이하고 있었다.

선택의 순간

루카스는 문 앞에서 깊은 숨을 들이마셨다. 오래된 돌문은 세월의 흔적을 품고 있었고 마치 그들의 결정을 기다리는 듯이 묵묵히 서 있었다. 여행은 언제나 선택의 연속이었다.

문을 열면 무엇이 기다리고 있을까?
문을 두드리지 않고 다른 길을 걸어야 할까?

헬레나는 조용히 주위를 둘러보았다. 사원의 벽에는 희미해진 문양과 조각들이 남아 있었다. 벽을 따라 새겨진 기호들은 오랜 세월 속에서도 여전히 그 의미를 간직한 듯했다. 하지만 그 누구도 확실한 답을 주지는 않았다.

그녀가 조용히 말했다.

"우리는 무엇을 원할까요?"
루카스는 미소를 지으며 대답했다.
"그건 우리도 직접 걸어 보아야 알겠죠."

그들은 천천히 사원의 문을 밀었다. 오래된 돌이 무겁게 움직이며 낮은 마찰음을 냈고 그 너머에는 새로운 길이 펼쳐져 있었다.

빛과 어둠이 교차하는 공간….
그곳에는 또 다른 선택과 또 다른 이야기가 기다리고 있었다.

그들은 한 걸음을 내디뎠다.

사원 속으로

사원의 문이 천천히 열리며 안쪽의 어둠이 모습을 드러냈다. 차갑고 고요한 공기가 바깥의 따뜻한 햇살과 맞닿으며 마치 시간이 멈춘 듯한 공간이 그들 앞에 펼쳐졌다.

루카스와 헬레나는 조심스럽게 안으로 발을 들여 놓았다. 바닥에는 오랜 세월 동안 쌓인 먼지가 부드럽게 내려앉아 있었고 벽면에는 희미해진 벽화들이 가득했다.

그녀가 벽화를 바라보며 손끝으로 조심스럽게 선을 따라 그렸다.
"이 그림들은 무슨 이야기를 담고 있을까요?"

루카스는 조용히 그림들을 살폈다. 그것은 여행자들의 발자취를 남긴 기록처럼 보였다. 긴 여정을 거쳐온 이들이 이곳에 도착해 남긴 흔적들…. 희미하게 남은 문양 속에는 오랜 세월 동안 사원이 맞이했던 수많은 발걸음이 새겨져 있었다.

"이곳을 거쳐 간 사람들의 이야기일 거예요. 우리처럼 길을 찾아 떠났던 이들의 흔적이죠."

그녀는 고개를 끄덕이며 벽화를 한 번 더 쓰다듬었다. 여행자들은 같은 길을 걷지는 않았지만, 결국 같은 곳에서 마주쳤다. 그리고 또다시 새로운 길로 나아갔다.

그들은 천천히 사원을 걸으며 과거의 여행자들이 남긴 이야기들을 읽어 내려갔다.

이곳은 끝이 아닌, 또 다른 시작이었다.

지혜의 방

사원의 깊은 곳으로 들어가자 한 작은 방이 나타났다. 방 안에는 촛불이 은은한 빛을 내고 있었고 중앙에는 낡은 책 한 권이 놓여 있었다.

방 안은 조용했다. 마치 오래전 누군가가 남겨 둔 메시지를 기다리고 있는 듯했다.

루카스는 조심스럽게 책을 펼쳤다. 먼지가 희미하게 흩날리며 책장이 열렸다. 페이지에는 익숙하면서도 낯선 문장들이 적혀 있었다.

"길을 찾으려 하지 말고 길이 너를 찾도록 하라."

헬레나가 책을 읽으며 작은 소리로 되뇌었다. 사원의 깊숙한 곳까지 걸어온 지금, 이 문장은 더욱 의미심장하게 다가왔다.

루카스는 한참 동안 문장을 바라보다가 미소를 지었다.
"우리가 지금까지 배운 것과 같네요. 길은 우리가 만들어 나가는 것이니까요."

그녀는 고개를 끄덕였다. 그동안 걸어온 길을 되돌아보니 결국 중요한 것은 길 자체가 아니라 그 길을 어떻게 걸어가느냐는 것이었다.

그들은 책을 덮은 후 방을 나섰다. 촛불이 여전히 흔들리는 작은 빛을 만들어 내고 있었다.

이제 그들은 무엇을 해야 할지 알고 있었다. 길은 그들을 기다리는 것이 아니라 그들의 발걸음 속에서 새롭게 열리고 있었다.

마지막 문

사원의 끝자락, 그들 앞에는 또 하나의 문이 있었다. 문 위에는 단순한 문장이 새겨져 있었다.

"이 문을 나서는 순간, 너는 더 이상 같은 사람이 아니다."

루카스와 헬레나는 서로를 바라보았다. 그들은 이제 자신들이 변화했다는 것을 알고 있었다. 길을 따라온 시간들이 그들을 바꾸어 놓았다.

그녀가 물었다.
"준비됐어요?"
루카스는 고개를 끄덕이며 문을 밀었다. 문이 열리는 순간, 눈부신 빛이 그들을 감쌌다.

빛 속에서 잠시 시야가 흐려졌다. 마치 현실과 비현실의 경계가 흐려지는 듯했다. 그녀는 손을 뻗어 루카스의 팔을 잡았다. 손끝으로 전해지는 온기가 그가 여전히 곁에 있다는 것을 확인시켜 주었다.

빛이 점차 희미해지며 그들은 새로운 공간에 서 있었다. 이전의 사원과는 전혀 다른 풍경이었다. 하늘은 깊고 푸르렀으며 공기는 신선하고 상쾌했다. 바람이 부드럽게 불어와 두 사람의 얼굴을 스쳤다.

루카스는 주변을 둘러보며 조용히 말했다.
"이곳이 우리가 찾던 곳일까요?"
그녀는 대답하지 않았다. 그녀는 대답 대신 걸음을 내딛으며 앞을 향해 나아갔다.

지금까지 걸어온 길은 헛된 것이 아니었다. 그들이 지나온 모든 순간, 겪었던 모든 일이 이 문을 통해 새로운 의미를 가지게 되었다.

그리고 이제, 그들은 또 다른 길의 시작점에 서 있었다.

새로운 세상

빛이 서서히 사라지자 그들 앞에는 전혀 다른 풍경이 펼쳐져 있었다.

끝없이 펼쳐진 평원이 시야를 가득 채웠다. 초록빛 풀들이 바람에 일렁이며 마치 바다처럼 물결쳤다. 저 멀리에는 거대한 도시가 보였다. 도시의 탑과 건물들은 햇빛을 받아 반짝였고 그 위로는 맑고 푸른 하늘이 끝없이 펼쳐져 있었다.

바람이 불어와 그들의 얼굴을 스쳤다. 익숙했던 공기의 무게와 온도가 달랐다. 마치 새로운 시작을 속삭이는 듯한 공기였다.

헬레나가 미소를 지으며 말했다.

"이곳이 우리의 다음 길인가 봐요."

루카스는 하늘을 올려다보았다. 모든 것이 새롭게 보였다. 지금까지의 여정이 떠올랐다. 그들이 지나온 길, 겪었던 순간들 그리고 서로에게 했던 약속들….

루카스는 조용히 중얼거렸다.

"우리의 여행은 계속될 거예요. 길은 멈추지 않으니까요."

그들은 서로를 바라보았다. 그동안의 시간들이 단순한 기억이 아니라 그들을 변화시킨 과정이었다는 것을 깨달았다. 그리고 이제, 새로운 길이 그들 앞에 펼쳐져 있었다.

그녀가 먼저 발을 내디뎠다. 부드러운 흙이 발끝에 닿았다. 루카스도 한 걸음을 내딛었다. 두 사람의 그림자가 길게 늘어졌다.

새로운 세상, 그리고 새로운 여행이 시작되고 있었다.

끝이 아닌 시작

 그들은 다시 길 위에 섰다. 이번에는 처음보다 더 가벼운 발걸음으로….

 지금까지의 여정이 그들에게 많은 것을 가르쳐 주었고 이제 그들은 두려움보다 기대를 품고 있었다. 길은 언제나 그들을 기다리고 있었고 새로운 이야기는 곳곳에 숨어 있었다.

 루카스는 깊은 숨을 들이마셨다. 익숙하면서도 낯선 공기가 폐 속 깊이 스며들었다. 여행이란 끝이 아니라 늘 새로운 시작이라는 것을 이제는 확실히 알고 있었다.

 헬레나가 물었.
 "앞으로 무엇을 보게 될까요?

목소리에는 설렘과 약간의 긴장감이 섞여 있었다. 저 멀리 보이는 지평선 너머에는 어떤 모험이 기다리고 있을까?

루카스는 지평선을 바라보며 천천히 대답했다.
"그건 우리가 걸어가면서 알게 되겠죠."

그들은 나란히 서서 길을 바라보았다. 발끝 앞에서 길은 끝없이 이어졌고 바람은 두 사람의 등을 살며시 밀어 주었다.

그녀가 먼저 한 걸음을 내디뎠다. 루카스도 그 뒤를 따랐다. 발걸음은 가볍고 얼굴에는 미소가 떠올랐다.

그리고 그들의 이야기는 계속되었다.

새로운 도시로

 루카스와 그녀는 저 멀리 보이는 도시를 향해 걸었다. 도시의 실루엣은 태양 빛을 받아 반짝이고 있었고 공기 속에는 알 수 없는 기대감이 감돌았다.

 헬레나가 설레는 목소리로 물었다.
"이 도시는 우리에게 어떤 이야기를 들려줄까요?"
 루카스는 미소를 지으며 대답했다.
"그건 우리가 직접 걸어 보아야 알겠죠."

 그들은 도시에 가까워질수록 더 많은 사람이 보이기 시작했다. 거리에는 여행자들, 상인들 그리고 길을 따라 살아가는 사람들이 있었다.

거리는 바닥을 울리는 마차 바퀴 소리, 행상인의 활기찬 외침, 아이들의 웃음소리가 가득했다. 거리는 과일과 향신료를 파는 가게들이 알록달록한 색으로 장식되어 있었고 저 멀리 광장에서는 악사들이 연주하는 선율이 은은하게 퍼져 나가고 있었다.

그녀가 감탄하며 말했다.
"여긴 정말 살아 있는 곳 같아요."
루카스는 고개를 끄덕였다.
"도시는 언제나 그곳을 걷는 사람들의 이야기로 채워지는 법이죠. 우린 이제 그 이야기의 일부가 된 거고요."

그들은 도시의 좀 더 깊은 곳으로 발걸음을 옮겼다. 저마다의 목적지를 향해 바쁘게 움직이는 사람들 속에서 두 사람은 그들만의 이야기를 써 내려가기 시작했다.

거리의 철학자

그들은 도시의 중심 광장에서 한 철학자를 만났다. 그는 길가에 앉아 지나가는 사람들에게 말을 걸고 있었다.
"여행자들이여, 길을 찾았는가? 아니면 여전히 방황하는가?"

루카스와 헬레나는 그의 앞에 멈춰 섰다.
"길은 찾는 것이 아니라 만들어 나가는 것 아닐까요?"
루카스가 대답하자 철학자는 미소를 지으며 고개를 끄덕였다.
"그렇다. 하지만 때로는 길이 우리를 이끌기도 하지. 당신이 어디를 향해 가는지 아는가?"

루카스는 주변을 둘러보았다. 그는 더 이상 길을 정하지 않앉다. 그는 그저 걷고 있었다.

"지금 이 순간, 저는 길 위에 있을 뿐이에요. 그게 전부입니다."

철학자는 크게 웃으며 말했다.

"그렇다면 당신은 이미 길을 찾은 자이다."

그녀는 철학자의 말을 곱씹으며 조용히 되뇌었다. 길을 찾는다는 것은 무엇을 의미할까? 목적지를 정하고 가는 것일까, 아니면 걸으며 만들어 나가는 것일까?

그들은 다시 길을 나섰다. 철학자는 여전히 광장에서 지나가는 이들에게 말을 걸고 있었다. 어쩌면 길은 그 자체로 하나의 질문이 아닐까.

그들이 걷는 동안, 도시의 햇살이 좀 더 부드럽게 느껴졌다.

숨어 있는 골목길

그들은 도시를 걷다가 좁은 골목길을 발견했다. 이 골목길은 번화한 시장 거리와 달리 조용하고 신비로운 분위기가 감돌았다.

헬레나가 속삭였다.
"이곳은 무언가 특별한 것이 있을 것 같아요."

루카스는 골목을 따라 걸으며 낡은 벽에 새겨진 낯선 기호들을 발견했다.
"이건 길을 안내하는 표시일까요, 아니면 길을 감추려는 표시일까요?"

그녀는 손을 뻗어 벽을 가만히 어루만졌다. 기호들은 오랜 세월 동안 빛이 바래 있었지만, 여전히 누군가의 흔적을 담고 있었다.

그들은 골목을 따라가며 점점 더 낯선 공간으로 들어섰다. 창문이 닫힌 오래된 건물들, 벽에 걸린 빛바랜 포스터 그리고 어디선가 들려오는 희미한 음악 소리….

"이 길을 따라가면 어디로 가게 될까요?"
그녀의 물음에 루카스는 미소를 지었다.
"여행은 언제나 예상하지 못한 방향으로 흐르는 법이죠."

그들은 다시 발걸음을 옮겼다. 낡은 문 하나가 살짝 열려 있었고 그 안에서 희미한 불빛이 새어 나왔다. 누군가의 이야기가 숨어 있는 듯한 공간…

루카스와 그녀는 서로를 바라보았다. 그리고 조용히 문 안으로 들어섰다.

이야기의 집

그들은 골목 끝에서 오래된 건물을 발견했다. 문 앞에는 작은 팻말이 걸려 있었다.

"이야기를 찾는 자, 이곳에서 멈추라."

호기심이 일어난 그들은 문을 밀고 들어갔다. 안에는 다양한 책과 기록들이 가득했고 한 노인이 조용히 책을 읽고 있었다.

노인은 책에서 눈을 떼고 천천히 고개를 들었다.
"길을 걷다 보면 이야기를 만나는 법이지. 당신들은 어떤 이야기를 찾고 있는가?"

루카스는 잠시 고민하다가 말했다.

"우리는 그저 길 위에 있을 뿐이에요. 그리고 우리가 지나온 길이 이야기가 되고 있어요."

노인은 고개를 끄덕이며 미소를 지었다.
"그렇다면 당신들은 좋은 여행자들이군. 이야기를 남기고 가게."

그들은 방 안을 둘러보았다. 벽에는 수많은 낡은 종이가 붙어 있었고 그 위에는 지나간 여행자들이 남긴 글귀들이 가득했다.

"바람이 이끄는 곳, 그곳에 우리의 발자국이 있었다."
"길을 걷다 보면 결국 길이 너를 데려간다."
"우리는 이곳에서 한동안 멈추었지만, 우리의 이야기는 계속된다."

헬레나는 벽 한쪽에 글을 남겼다.
"이곳을 지나간 여행자가 있었다. 그리고 길은 계속된다."

루카스와 그녀는 노인을 향해 고개를 숙였다. 그리고 다시 문을 열고 밖으로 나섰다.

 골목길의 공기는 여전히 신비로운 느낌을 주었다. 이제 그들의 이야기도 그 집의 일부가 되었다. 그리고 길은 여전히 앞을 향해 열려 있었다.

제4부

끝없는 여정

다시 길 위에서

 그들은 다시 길로 나섰다. 도시의 골목에서, 광장에서 그리고 책 속에서 만난 이야기들은 그들의 발걸음을 더욱 가볍게 만들었다.

 헬레나가 물었다.
 "우리는 어디로 가야 할까요?"
 루카스는 길을 바라보며 대답했다.
 "어디든지 상관없어요. 중요한 건 우리가 함께 걷고 있다는 것이니까요."
 그녀는 미소를 지으며 고개를 끄덕였다. 그들의 발길이 향하는 곳이 곧 길이 되었다.

 도시의 바람이 부드럽게 불어왔다. 골목의 돌담을 따라 걷는 동안, 지나온 길들이 하나의 이야기처럼 느껴졌다. 그리고 앞으로의 길 역시 또 다른 이야기로 이어지리라.

그녀가 조용히 말했다.
"이 도시에서의 기억이 오래 남을 것 같아요."
루카스가 웃으며 대답했다.
"기억은 사라지지 않아요. 우리가 떠나더라도 우리가 걸었던 길은 여기에 남아 있을 거예요."

그들은 그렇게 길을 따라 나아갔다. 여행은 끝나지 않았다. 그리고 앞으로도 계속될 것이었다.

그들이 지나온 자리에는 한 줄의 문장이 남아 있는 듯했다.

"길을 걷는 한, 이야기는 계속된다."

안개의 다리

도시를 떠난 루카스와 헬레나는 강가에 이르렀다. 강 위에는 오래된 돌다리가 있었고 그 위로는 옅은 안개가 흐르고 있었다. 마치 다리 저편이 현실과 단절된 또 다른 세계인 것처럼 보였다.

그녀가 조심스럽게 물었다.
"이 다리를 건너면 어떤 곳이 우리를 기다리고 있을까요?"
루카스는 한 걸음을 내디디며 말했다.
"우리가 걸어야만 알 수 있겠죠."

그들은 천천히 다리를 건넜다. 안개 속에서는 발소리조차 희미하게 들렸고 강물의 잔잔한 흐름이 그들을 감싸는 듯했다.

걸음을 옮길수록 주위의 풍경이 흐릿해졌다. 마치 과거와 현재, 현실과 상상이 뒤섞이는 공간을 지나고 있는 것 같았다.

그녀가 속삭였다.
"이상해요. 다리를 건너면서 뭔가 변하고 있는 것 같아요."

루카스는 발을 멈추고 주위를 둘러보았다. 안개 너머에서 희미한 빛이 보였다. 다리 저편에는 또 다른 길이 기다리고 있었다.

그녀가 조용히 말했다.
"우리가 어디로 가고 있는지는 몰라도, 어딘가로 가고 있다는 것만은 확실하네요."
루카스는 미소를 지으며 다시 걸음을 옮겼다.

그들은 그렇게 다리 너머로 사라졌다. 안개가 천천히 흐르며 그들의 뒷모습을 감추었다.

강물은 변함없이 흐르고 있었다.

무너진 성벽

다리 끝에 도착하자 그들 앞에는 거대한 성벽의 잔해가 나타났다. 성벽은 세월에 닳아 무너졌지만, 여전히 웅장한 기운을 뿜어내고 있었다.

헬레나가 성벽을 쓰다듬으며 말했다.
"이곳에는 한때 강력한 나라가 있었겠죠. 하지만 지금은 그 흔적만이 남아 있네요."

차가운 돌 표면은 오랜 세월을 견뎌낸 듯 거칠고도 단단했다. 루카스는 성벽에 남겨진 문양들을 살펴보았다.
"길이 사라져도 그 길을 걸었던 이들의 이야기는 남아 있어요. 우리도 언젠가 그런 흔적이 되겠죠?"

그녀는 잠시 성벽에 기대어 눈을 감았다. 이곳을 지키던 병사들, 왕과 신하들 그리고 이 성벽을 쌓았을 이름 모를 노동자들의 손길이 머릿속을 스쳐갔다.

루카스가 조용히 말했다.
"모든 것은 결국 무너지지만, 그 속에 남겨진 이야기는 사라지지 않아요."
성벽 저편으로는 끝없는 평야가 펼쳐져 있었다.

잠시 그들은 무너진 성벽 앞에서 시간을 보내며 과거를 상상했다. 그리고 다시 길을 나섰다.

뒤돌아보니 성벽은 여전히 그 자리에 서 있었다. 무너졌지만 완전히 사라지지는 않은 채, 오랜 세월의 기억을 품고….

나침반 없는 여행

평원을 따라 걸으며 그들은 더 이상 지도나 나침반을 사용하지 않기로 했다. 이제는 바람과 태양 그리고 본능이 그들을 인도했다.

헬레나가 웃으며 물었다.
"우리는 어디로 가고 있는 걸까요?"
루카스도 웃었다.
"어디든지 괜찮아요. 중요한 건 우리가 계속 걷고 있다는 거니까요."

그들은 길을 정하지 않고 발길 닿는 대로 걸었다. 바람이 이끄는 방향으로, 풀밭 사이로 난 작은 오솔길을 따라, 때로는 발길이 닿지 않은 거친 길도 걸었다.

해가 높이 떠오를 때면 그들은 나무 그늘 아래에서 쉬었고 해가 저물 무렵이면 풀밭에 앉아 붉게 물든 하늘을 바라보았다.

그녀가 조용히 말했다.
"처음엔 어딘가로 가야 한다고 생각했어요. 목적지가 있어야만 한다고요."

루카스는 하늘을 바라보며 대답했다.
"하지만 우리가 가야 할 곳이 정해져 있는 건 아닐지도 몰라요. 가는 길 자체가 의미가 되는 여행도 있는 거니까요."

그들은 그렇게 목적 없이 걸었고 그 과정에서 더 자유로워지고 있음을 깨달았다.

어디로 가야 하는지는 더 이상 중요하지 않았다. 중요한 것은 지금 이 순간을 온전히 살아가고 있다는 사실이었다.

별빛 아래에서의 대화

그날 밤, 그들은 벌판에 텐트를 치고 하늘을 올려다보았다. 별들이 끝없이 펼쳐져 있었고 바람이 부드럽게 지나갔다.

헬레나가 조용히 물었다.
"이 순간이 영원할 수 있을까요?"
루카스는 별을 바라보며 대답했다.
"영원하지 않기 때문에 더 소중한 거예요. 그리고 우리가 기억하는 한 이 순간은 영원히 남아 있을 거예요."

그녀는 잠시 눈을 감았다. 사라져가는 것들 속에서도 사람의 마음에 남아 계속 존재하는 것들이 있다. 그들이 지나온 길도, 만났던 사람들도, 이 순간 함께 보는 밤하늘도 그럴 것이다.

그녀가 다시 물었다.

"그러면 기억하는 게 우리가 할 수 있는 전부일까요?"

루카스는 미소를 지으며 고개를 저었다.

"기억하는 것만이 아니라 살아가는 거예요. 이렇게 또 다른 밤을 맞이하고 또 다른 길을 걷고 새로운 순간을 만들어 나가는 것이죠."

그들은 밤하늘을 보며 조용히 시간을 보냈다. 바람이 지나가고 풀벌레 소리가 은은하게 들려왔다. 여행은 계속되고 있었고 별빛은 여전히 그들의 길을 비추고 있었다.

길 위에서의 결심

다음날 아침, 그들은 또 다른 갈림길 앞에 섰다. 하나는 익숙한 길처럼 보였고 다른 하나는 아무도 걷지 않은 듯한 길이었다.

루카스는 망설임 없이 새로운 길을 택했다.
"익숙한 길은 우리가 어디로 가게 될지 알려 주지만, 낯선 길은 우리에게 새로운 이야기를 선물해 줄 거예요."
헬레나가 미소를 지으며 그의 손을 잡았다.
"그럼 우리, 또 하나의 이야기를 만들어 볼까요?"

그들은 다시 걸음을 내디뎠다. 여행은 끝나지 않았다. 그리고 앞으로도 계속될 것이다.

황금빛 들판

루카스와 헬레나는 낯선 길을 따라 걸었다. 길은 점차 넓은 들판으로 이어졌고 햇살을 받은 밀밭이 황금빛으로 빛나고 있었다.

그녀가 들판을 바라보며 말했다.
"이곳은 마치 파도가 없는 바다 같아요."
이윽고 바람이 불 때마다 밀밭이 출렁이며 부드러운 소리를 냈다.
"우리도 바람처럼 흘러가고 있는 걸까요?"
루카스는 미소를 지으며 대답했다.
"그렇겠죠. 어디로 가든, 우리는 길 위에 있으니까요."

그들은 황금빛 들판을 따라 걷기 시작했다. 해가 천천히 기울며 붉은 빛을 들판 위에 드리웠다.

멀리 언덕 너머에는 또 다른 길이 기다리고 있을지도 몰랐다. 하지만 지금 이 순간, 그들은 그저 바람과 함께 흔들리는 밀밭을 지나며 길 위에 존재하고 있었다.

그리고 그것만으로도 충분했다.

바람의 도시

들판 끝에는 작은 도시가 있었다. 이곳은 높은 언덕 위에 자리 잡고 있었다. 건물들은 마치 바람에 실려 온 것처럼 가벼운 느낌을 주었다.

그들은 도시로 들어가 한 광장에 앉았다. 광장에는 여행자들이 모여 있었고 저마다의 이야기를 나누고 있었다.

그때 한 노인이 조용히 말했다.
"이곳에서는 바람이 어디로 부는지가 가장 중요한 일이에요. 바람이 변하면 삶도 변하죠."

루카스와 헬레나는 조용히 귀를 기울였다. 도시는 끊임없이 변화하는 바람에 따라 움직이는 듯했다. 사람들은 머무르는 것보다 떠나는 것을 당연하게 여겼고 누구도 한곳에 오래 정착하지 않았다.

그녀가 중얼거렸다.
"모든 것이 고정되지 않고 흐르는 곳…"

루카스는 미소를 지었다.
"우리의 여행도 그런 걸지도 몰라요. 멈추지 않고 흐르는 것…"

그들은 그렇게 바람의 도시에서 또 하나의 깨달음을 얻고 있었다.

그리고 바람이 불어가는 방향을 따라 다시 길을 나설 준비를 하고 있었다.

여행자들의 축제

마침 그들이 도착한 날, 도시는 한 해에 한 번 열리는 '여행자들의 축제' 때문에 북적였다. 광장 한가운데에서는 여행자들이 자신의 경험을 이야기하고 배운 것들을 공유하고 있었다.

한 노인이 오래된 지팡이를 들고 나와 자신의 이야기를 시작했다.

"나는 수많은 길을 걸어봤지만, 결국 중요한 것은 목적지가 아니었소. 그 길 위에서 내가 누구를 만났고 어떤 이야기를 남겼느냐가 가장 중요한 것이었지."

루카스는 그의 말을 듣고 고개를 끄덕였다. 그는 이미 그 사실을 깨닫고 있었지만, 다시 한 번 확인하는 순간이었다.

헬레나는 주변을 둘러보았다. 여행자들은 저마다 다른 길을 걸어왔지만, 이곳에서 하나의 이야기를 공유하고 있었다. 어떤 이는 먼 바다를 건넜고 또 다른 이는 깊은 숲을 헤쳐왔다. 하지만 그들이 나누는 것은 장소가 아니라 경험이었다.

그녀가 조용히 물었다.
"우리도 언젠가 이곳에 다시 와서 우리의 이야기를 나눌 수 있을까요?"
루카스가 미소를 지으며 말했다.
"그럼요. 우리의 길이 계속되는 한, 언젠가는 우리도 이 자리에서 새로운 여행자들에게 이야기를 들려주겠죠."

그들은 그렇게 광장 속으로 걸어 들어갔다.

여행은 여전히 끝나지 않았고 이 축제는 그들에게 또 하나의 기억이 되었다.

저녁노을 아래

축제가 끝난 후 루카스와 헬레나는 언덕 위로 걸어 올라갔다. 해가 저물면서 하늘은 붉은 보랏빛으로 물들었다. 바람이 부드럽게 지나가며 그들의 머리카락을 흔들었다.

그녀가 조용히 말했다.
"우리는 어디까지 걸어갈까요?"
루카스는 하늘을 바라보며 대답했다.
"어디든지, 우리가 원하는 곳까지…. 그리고 그곳에서 새로운 길을 찾겠죠."

그들은 저녁노을 아래에서 한동안 침묵했다. 붉게 물든 하늘과 바람의 속삭임 그리고 저 멀리 반짝이는 별빛이 그 순간을 감싸고 있었다.

그 순간, 모든 것이 완벽하게 맞물리는 듯했다.

길은 여전히 앞에 있었다. 그리고 그들은 계속 걸어갈 준비가 되어 있었다.

다시 떠나는 아침

다음날, 해가 떠오르자 그들은 다시 길을 떠날 준비를 했다. 도시의 사람들은 떠나는 여행자들에게 행운을 빌어 주었다. 바람은 여전히 부드럽게 불어왔다.

출발하기 전, 노인이 루카스에게 작은 깃털 하나를 건넸다.
"이것은 바람이 당신에게 주는 선물이니 가져가게. 길 위에서 당신이 어디에 있든, 바람이 당신을 기억할 것이야."

루카스는 감사의 인사를 하고 깃털을 가방에 넣었다. 헬레나는 그를 바라보며 말했다.
"우리, 계속 걸어요. 길이 우리를 기다리고 있으니까."

그들은 서로를 바라보며 미소를 지었다. 그리고 또 한 걸음을 내디뎠다.

  길은 여전히 끝나지 않았다. 그리고 앞으로도 계속될 것이었다.

  멀어지는 도시를 뒤로 한 채 그들은 다시 미지의 세계로 나아갔다. 바람은 그들의 뒷모습을 부드럽게 감싸며 다음 여행을 속삭이고 있었다.

사막의 문턱

 길을 따라 나아가던 루카스와 헬레나는 점차 사막의 경계에 다가섰다. 금빛이 펼쳐진 모래 언덕과 뜨겁게 내리쬐는 태양이 그들을 맞이했다.

 그녀가 모래를 손끝으로 쓸어내리며 말했다.
 "이곳은 완전히 다른 세상이네요."
 끝없이 펼쳐진 사막은 익숙했던 풍경과는 전혀 다른 모습이었다.

 루카스는 지평선을 바라보며 대답했다.
 "모든 길은 다른 세계로 이어져 있어요. 우리가 어디를 가든, 그곳엔 새로운 이야기가 있겠죠."
 그녀는 고개를 끄덕였다. 익숙했던 초원과 숲을 지나 이제는 사막이라는 또 다른 길 위에 서 있었다.

그들은 조용히 발걸음을 내디뎠다. 모래는 부드럽지만 그들의 걸음을 무겁게 만들었다. 발자국이 남지만, 바람이 불면 금세 사라질 것이었다.

그녀가 나직하게 물었다.
"우리의 흔적도 이렇게 사라질까요?"
루카스는 미소를 지으며 답했다.
"흔적은 사라질지 몰라도, 우리가 걸어온 길은 우리 안에 남아요."

그들은 사막으로 들어섰다. 발걸음은 점점 더디게 느껴졌지만, 바람이 불어와 길을 속삭이고 있었다.

'저 너머에는 무엇이 기다리고 있을까?'

그들은 알 수 없었지만, 그것이야말로 여행의 본질이었다.

별빛 아래의 모래 언덕

밤이 되자 사막은 낮의 열기를 내려놓고 고요한 침묵 속에 잠겼다. 하늘에는 수많은 별이 떠 있었고 바람은 차가운 속삭임을 전했다.

루카스와 헬레나는 모래 언덕 위에 앉아 하늘을 올려다보았다.

그녀가 조용히 물었다.

"이곳에서도 길이 우리를 따라오고 있을까요?"

루카스는 미소를 지으며 대답했다.

"길은 우리가 걸어가는 곳마다 만들어지는 거예요. 우리 발걸음이 닿는 순간, 새로운 길이 열리는 거죠."

그녀는 조용히 그의 말을 되새겼다. 길이란 미리 정해진 것이 아니라 걸어가며 만들어지는 것…. 과거의 발자국은 모래바람에 지워지겠지만, 그 순간의 경험은 마음속에 남아 새로운 길을 열어 줄 것이다.

멀리서 부드러운 바람이 불어와 모래 위에 은은한 그림자를 드리우며 두 여행자의 길을 비추고 있었다.

그들은 별빛 아래에서 한동안 침묵했다. 길은 보이지 않았지만, 그들의 마음속에서는 분명히 이어지고 있었다.

사막의 나그네

다음날, 사막을 걷던 그들은 한 여행자를 만났다. 그는 두꺼운 천으로 얼굴을 가린 채, 낡은 지팡이를 짚고 있었다.

그가 물었다.
"사막에서 길을 찾고 있는가?"
루카스는 잠시 생각하다가 대답했다.
"이제 우리는 길을 찾으려 하지 않아요. 그냥 길을 걷고 있을 뿐이죠."

여행자는 고개를 끄덕이며 말했다.
"그렇다면 당신들은 이미 길을 찾은 것이다. 길이란 애초에 하나로 정해져 있는 것이 아니니까."

그는 손에 쥔 작은 유리병을 건네며 말했다.

"이 병에는 이곳의 바람이 담겨 있다. 당신이 어디를 가든, 이곳을 기억하게 해 줄 것이다."

루카스는 감사를 표하며 유리병을 받아들었다.

헬레나는 유리병을 바라보며 나지막이 말했다.

"보이지 않는 것도, 우리와 함께할 수 있군요."

사막의 바람이 불어와 그들의 옷자락을 스쳤다. 여행자는 다시 모래 언덕 너머로 걸어갔고 그들은 새로운 길을 향해 걸음을 내디뎠다.

그들 또한 누군가에게 또 다른 길의 일부가 될지도 모른다고 생각하면서….

오아시스의 노래

사막을 더 걸어가자 저 멀리 푸른 나무들이 모습을 드러냈다. 그것은 오아시스였다.

그들은 물가에 앉아 발을 담그며 한숨을 돌렸다. 오아시스 근처에는 유목민들이 모여 있었고 그들은 모닥불을 피워 놓고 있었다.

밤이 되자 유목민들은 전통 노래를 부르기 시작했다. 바람과 별빛 속에서 울려 퍼지는 멜로디는 이곳에서 살아가는 이들의 삶을 담고 있었다.

헬레나가 조용히 말했다.
"이 노래도 길 위에서 태어난 것이겠죠."

루카스는 고개를 끄덕이며 대답했다.

"길은 단순한 발걸음이 아니라 우리가 남기는 모든 것들이죠. 노래도, 이야기들도…"

그녀는 그 말을 곱씹으며 유목민들의 노랫소리에 귀를 기울였다.

사막의 밤은 고요하면서도 따뜻했다. 바람은 모닥불의 불꽃을 흔들었고 별들은 하늘에서 부드럽게 빛나고 있었다.

그들은 유목민들과 함께 노래를 부르며 사막의 밤을 온전히 받아들였다.

이 순간, 그들도 또 하나의 이야기가 되어가고 있었다.

또 다른 발걸음

루카스와 헬레나가 또 다시 길을 나섰다. 이제는 더 이상 목적지가 중요하지 않았다. 길 위에서의 모든 순간이 그들에게 의미가 되고 있었다.

그녀가 미소를 지으며 말했다.
"우리는 어디로 가는 걸까요?"
루카스는 지평선을 바라보며 대답했다.
"모르겠어요. 하지만 그게 중요할까요? 어차피 우리는 계속 걸어갈 테니까요."
그들은 서로를 바라보며 고개를 끄덕였다. 그리고 또 한 걸음을 내디뎠다.

길은 여전히 그들을 기다리고 있었다. 그리고 앞으로도 계속

될 것이었다.

저 멀리, 바람이 불어와 새로운 이야기를 속삭이고 있었다.

모래 폭풍 속으로

하늘이 갑자기 어두워졌다. 모래 폭풍이 멀리서 다가오고 있었다. 바람이 점점 강해졌고 공기 중에 흩날리는 모래가 피부를 스쳤다.

헬레나가 조용히 물었다.
"우리, 어디로 가야 할까요?"
루카스는 주변을 살펴보다가 바위가 모여 있는 곳을 발견했다.
"저곳으로 가요! 바람을 피할 수 있을 거예요."
그들은 서둘러 바위 뒤로 몸을 숨겼다.

폭풍이 몰아치는 동안, 그들은 가만히 웅크려 사막의 숨결을 느꼈다. 바람은 거칠었지만, 그들에게 또 하나의 이야기를 들려

주고 있었다.

그녀는 바위에 기대어 중얼거렸다.
"이 폭풍도 언젠가는 지나가겠죠."
루카스는 그녀를 바라보며 미소를 지었다.
"그럼요. 그리고 우리가 다시 길을 걸을 때 또 다른 풍경이 펼쳐질 거예요."
그들은 그렇게 모래 폭풍이 지나가길 기다렸다.

길은 보이지 않았지만, 여전히 그곳에 있었다. 그리고 그들은 다시 걸어갈 준비가 되어 있었다.

폭풍이 지나간 후

한참이 지나고 모래 폭풍이 잦아들었다. 하늘은 다시 맑아졌고 태양이 모래 위로 부드러운 빛을 내리쬐었다.

루카스와 헬레나는 몸을 일으키며 먼 곳을 바라보았다. 모래 폭풍이 지나간 자리에는 새로운 지형이 드러나 있었다. 사라졌던 길이 보이고 이전에는 없던 언덕이 생겨 있었다.

그녀가 말했다.
"사막은 변하지 않는 것 같지만, 늘 새로운 길을 만들어 내는군요."
루카스는 고개를 끄덕였다.
"길도, 우리도 그렇게 변하고 있겠죠."
그들은 다시 걸음을 내디뎠다.

모래 폭풍이 사라진 자리에 새로운 길이 열린 것처럼 그들의 앞에도 또 다른 가능성이 펼쳐지고 있었다.

변화는 두려운 것이 아니라 새로운 시작이었다. 그들은 그것을 받아들이며 앞으로 나아갔다.

잃어버린 신전

그들은 사막의 끝자락에서 모래에 반쯤 묻힌 신전을 발견했다. 그곳에는 오래된 돌기둥들이 남아 있었고 문에는 고대 문자들이 새겨져 있었다.

헬레나가 벽에 새겨진 문양을 바라보며 물었다.
"여기는 누구의 흔적일까요?"
루카스는 손끝으로 글자를 따라가며 말했다.
"이곳을 지나간 자들의 흔적이겠죠. 우리처럼 길을 따라 걷던 사람들이 남긴 이야기일 거예요."

그들은 신전 안으로 들어가 조용히 그곳의 공기를 느꼈다. 바람이 신전의 벽을 스치며 낮은 속삭임을 남기고 있었다. 마치 먼 시간 속에서, 누군가 그들에게 말을 걸고 있는 것 같았다.

과거의 발자국이 남긴 이야기와 지금 그들이 걷고 있는 길이 겹쳐지는 순간이었다.

 그들은 깨달았다. 길은 단지 앞을 향해 있는 것이 아니라 과거와 현재를 연결하는 흔적이기도 하다는 것을….

선택의 문

신전 안쪽에는 두 개의 문이 있었다. 하나는 빛이 새어 나오는 밝은 길이었고 다른 하나는 어둠 속으로 이어지는 문이었다.

헬레나가 물었다.
"어떤 문을 지나야 할까요?"
루카스는 잠시 고민하다가 말했다.
"어느 쪽이든, 우리가 걸어가면 그것이 길이 될 거예요. 중요한 건 우리가 선택하는 것이죠."

그들은 서로를 바라보며 손을 맞잡았다. 그리고 한쪽 문을 열었다.
문 너머에는 또 다른 길이 펼쳐지고 있었다.

그 길이 어디로 이어질지는 알 수 없었다. 하지만 그것이야말로 여행의 진정한 본질이었다.

그들은 한 걸음을 내디뎠다.

그리고 또 다른 이야기가 시작되었다.

끝없는 여정

그들은 다시 길 위에 있었다. 사막을 지나, 신전을 지나, 이제는 또 다른 세상을 향해 나아가고 있었다.

헬레나가 웃으며 말했다.
"우리는 정말 끝없이 걸어가고 있네요."
루카스는 하늘을 올려다보며 대답했다.
"여행은 끝나는 것이 아니라 계속 이어지는 것이니까요. 그리고 우리는 그 길 위에 있는 거예요."

그들은 발걸음을 맞추며 다시 한 걸음을 내디뎠다.

길은 끝이 없었다.

그리고 그들의 이야기도 계속될 것이었다.

저 멀리, 바람이 새로운 길을 속삭이며 불어오고 있었다.

산맥을 넘어

사막을 지나며 길을 걸어온 루카스와 헬레나는 저 멀리 거대한 산맥을 바라보았다.

그들의 여정은 끝이 없었지만, 눈 앞에 펼쳐진 산들은 또 다른 도전을 의미하고 있었다.

그녀가 물었다.
"저 산을 넘으면 무엇이 있을까요?"
루카스는 고개를 저으며 말했다.
"그건 우리가 걸어봐야 알겠죠. 중요한 건 우리가 계속 나아가고 있다는 거예요."
그들은 조용히 발걸음을 옮겼다. 산길은 험난했지만, 바람은 그들을 부드럽게 밀어 주었다.

높은 곳에 오를수록 하늘은 더 넓게 보였고 발 아래에는 끝없이 걸어온 길이 펼쳐져 있었다.

그리고 저 너머에는 또 다른 길이 기다리고 있었다.

여행자의 세계

마침내 그들은 산의 정상에 도착했다. 아래를 내려다보니 또 다른 길이 보였고 새로운 땅이 그들을 기다리고 있었다.

헬레나가 미소를 지으며 말했다.
"우리는 언제까지 걷게 될까요?"
루카스는 하늘을 바라보며 대답했다.
"아마도 우리가 원하는 때까지요. 길이 우리를 부르는 한, 우리는 멈추지 않을 거예요."
그들은 나란히 서서 먼 곳을 바라보았다.

그들의 여정은 끝이 아니었다. 오히려 또 다른 시작을 맞이하고 있었다.

바람이 불어왔다. 길이 다시 그들을 부르고 있었다.

그들은 서로를 바라보며 고개를 끄덕였다. 그리고 또 한 걸음을 내디뎠다.

길은 계속되고 있었다. 그리고 그들의 이야기도 끝나지 않을 것이다.

여행자의 세계 낯선 길을 걷는 법

2025. 9. 24. 초판 1쇄 인쇄
2025. 10. 1. 초판 1쇄 발행

지은이 | 정병호
펴낸이 | 이종춘
펴낸곳 | BM (주)도서출판 **성안당**
주소 | 04032 서울시 마포구 양화로 127 첨단빌딩 3층(출판기획 R&D 센터)
     | 10881 경기도 파주시 문발로 112 파주 출판 문화도시(제작 및 물류)
전화 | 02) 3142-0036
     | 031) 950-6300
팩스 | 031) 955-0510
등록 | 1973. 2. 1. 제406-2005-000046호
출판사 홈페이지 | www.cyber.co.kr
ISBN | 978-89-315-8591-9(03810)
정가 | 15,000원

이 책을 만든 사람들
책임 | 최옥현
진행 | 문인곤
교정·교열 | 문인곤, 안종군
본문 디자인 | 김대중
표지 디자인 | 김대중
홍보 | 김계향, 임진성, 김주승, 최정민, 이해솜
국제부 | 이선민, 조혜란
마케팅 | 구본철, 차정욱, 오영일, 나진호, 강호묵
마케팅 지원 | 장상범
제작 | 김유석

성안당 Web 사이트

이 책의 어느 부분도 저작권자나 BM (주)도서출판 **성안당** 발행인의 승인 문서 없이 일부 또는 전부를 사진 복사나 디스크 복사 및 기타 정보 재생 시스템을 비롯하여 현재 알려지거나 향후 발명될 어떤 전기적, 기계적 또는 다른 수단을 통해 복사하거나 재생하거나 이용할 수 없음.

■ 도서 A/S 안내

성안당에서 발행하는 모든 도서는 저자와 출판사, 그리고 독자가 함께 만들어 나갑니다.
좋은 책을 펴내기 위해 많은 노력을 기울이고 있습니다. 혹시라도 내용상의 오류나 오탈자 등이
발견되면 **"좋은 책은 나라의 보배"**로서 우리 모두가 함께 만들어 간다는 마음으로 연락주시기
바랍니다. 수정 보완하여 더 나은 책이 되도록 최선을 다하겠습니다.
성안당은 늘 독자 여러분들의 소중한 의견을 기다리고 있습니다. 좋은 의견을 보내주시는 분께는
성안당 쇼핑몰의 포인트(3,000포인트)를 적립해 드립니다.

잘못 만들어진 책이나 부록 등이 파손된 경우에는 교환해 드립니다.